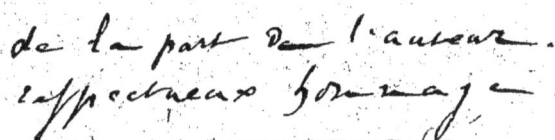

de la part de l'auteur.
respectueux hommage.

LE

ROYAUME D'ARLES ET DE VIENNE

Sous le règne de Frédéric II

(1214-1250)

PAR

Paul FOURNIER

GRENOBLE

IMPRIMERIE TYPOGR. ET LITHOGR. G. DUPONT

Rue des Prêtres, 4

—

1885

LE

ROYAUME D'ARLES ET DE VIENNE

 Sous le règne de Frédéric II

(1214-1250)

PAR

Paul FOURNIER

Z

964 (2)

GRENOBLE

IMPRIMERIE TYPOGR. ET LITHOGR. G. DUPONT

Rue des Prêtres, 1

1885

EXTRAIT DU BULLETIN DE L'ACADÉMIE DELPHINALE

LE
ROYAUME D'ARLES ET DE VIENNE
SOUS LE RÈGNE DE FRÉDÉRIC II
(1214-1250) (¹)

Par PAUL FOURNIER

I

La lutte entre la maison de Souabe et Otton de Brunswick avait profondément troublé la plupart des pays soumis à la couronne impériale. Sans parler de l'Allemagne, destinée naturellement à devenir le théâtre de la guerre entre les deux maisons rivales, l'Italie avait

---

(¹) Voir, pour la période antérieure, les *Mémoires de l'Académie Delphinale*, 3ᵉ série, t. XVIII, 1ʳᵉ partie, p. 24. L'histoire du royaume d'Arles pendant cette période a été étudiée, en France, par Huilhard-Bréholles dans le volume d'introduction de son *Historia diplomatica Friderici secundi*; et, en Allemagne, par Sternfeld, *Das Verhaeltniss des Arelats zu Kaiser und Reich*, Berlin, 1881, in-8°. C'est pour moi un devoir de reconnaître les services que m'ont rendus ces importants travaux. Toutefois, si j'apprécie le mérite de l'œuvre du docteur Sternfeld, je n'en dois pas moins déclarer hautement que je me sépare de lui quant aux conclusions qu'il a voulu tirer de son étude. — Je n'ai pas à dresser la liste des auteurs qui ont traité de l'histoire générale de l'Empire sous Frédéric II ; à côté de l'ouvrage d'Huilhard-Bréholles, je citerai seulement Winkelmann, *Geschichte Kaiser Friedrichs des Zweiten und seiner Reiche*, 1 vol. et la 1ʳᵉ partie du second, in-8°, 1863 et 1865, et le récent volume de Zeller, *l'Empereur Frédéric II*, Paris, 1885, in-8°.

vu renaître sur son sol toutes les anciennes querelles. Sans doute, après la mort de Philippe de Souabe, les villes du Nord s'étaient en général ralliées à l'empereur guelfe, qui put un moment se flatter d'obtenir leur assistance dans la lutte contre la Papauté ; mais Frédéric II trouva dans ces contrées de nombreux partisans : des cités importantes comme Pavie, Crémone, Parme et Mantoue ; des seigneurs tels que le comte Guillaume de Montferrat et le comte de Blandrate ; enfin, presque tous les évêques qui favorisaient dans le jeune prince le protégé de la Papauté et l'ennemi de l'excommunié Otton. Ainsi l'Italie était divisée par les mêmes factions qui déchiraient l'Allemagne après Bouvines.

En face de ces longues querelles et de ces sanglantes rivalités, il y avait un autre pays d'Empire qui ne montrait qu'une profonde indifférence : c'était le royaume d'Arles. Peu lui importait la politique de son maître impérial, pourvu que ce maître ne cessât point de ne l'être que de nom. A ce compte, Otton de Brunswick répondait merveilleusement aux aspirations des pays du sud-est de la France. Dans la longue série de ses actes, un seul, on l'a vu, fut consacré à un établissement religieux de ces contrées ; lui-même n'y parut jamais, et le lecteur n'a pas oublié les termes énergiques dans lesquels Gervais de Tilbury lui reprochait sa négligente incurie.

Au surplus, les événements qui se déroulaient dans les provinces voisines suffisaient à absorber l'attention des habitants du royaume d'Arles : c'était l'époque de la guerre des Albigeois. Il ne faudrait pas croire que les armées de la Croisade se composassent uniquement de guerriers du Nord : il y en avait de la France et de la Bourgogne. Guillaume de Tudèle dit, non sans exagération, que toute la Provence et tout le Viennois se sont joints aux Croisés; à l'entendre, personne n'y aurait manqué des passages des Alpes à Rodez (¹). Aussi la guerre met en feu les deux rives du Rhône; si le Dauphiné n'y est pas directement mêlé, au moins touche-t-elle immédiatement le Valentinois, le Venaissin et la Provence. On comprend que cette lutte suffisait à fixer l'attention de quiconque avait des raisons de s'intéresser aux affaires politiques. La suite de ce récit serait inintelligible si nous ne résumions pas ici, dans leurs traits généraux, les événements de cette guerre qui concernent le royaume d'Arles.

II

En général, les prélats n'hésitèrent pas à seconder énergiquement l'initiative de la Papauté et de ses légats; on vit même plusieurs d'entre eux, plus ardents que le chef de l'Eglise, exciter le zèle d'Innocent III, suspect à leur avis de modération à l'égard du comte de Toulouse (²). Quant aux seigneurs laïques, si la plupart d'entre eux s'étaient, par politique ou par crainte, associés dès le début à la Croisade, beaucoup ne tardèrent pas à changer d'attitude : après que la rupture entre Raymond VI et Montfort fut consommée, beaucoup revinrent au parti du comte de Toulouse. Il en fut ainsi, par exemple, d'Adémar de Poitiers, comte de Valentinois et de Diois,

---

(¹) *La Chanson de la Croisade contre les Albigeois*, édition Meyer, vers 270, 273, 289, 290, et passim.

(²) Pierre de Vaux-Cernay, dans Bouquet, XIX, 90.

« seigneur aussi méchant que puissant, qui avait toujours haï l'affaire du Christ. » A la vérité, il s'était
croisé en 1209 (¹); mais, quelques années plus tard, on
le vit combattre à côté des seigneurs de la vallée du
Rhône qui se révoltaient contre l'Eglise et attaquaient
les Croisés.

Si mauvaises étaient les dispositions d'une partie des
barons que, dès 1213, Simon de Montfort fut obligé de
porter ses armes dans le royaume d'Arles. Après sa
victoire de Muret, on le vit à Beaucaire, puis à l'Argentière (²) dans le Vivarais; il se rendit ensuite par Valence
à Romans, pour y rencontrer le duc Eudes de Bourgogne
et les archevêques de Lyon et de Vienne. Cette assemblée
exerça sur le comte de Valentinois une pression telle,
qu'il consentit à se soumettre pour un temps et qu'il livra
à Simon de Montfort quelques-uns de ses châteaux dont
la garde fut confiée au duc de Bourgogne (³).

Simon profita de sa présence dans ces contrées pour
négocier le mariage de son fils Amaury avec la fille d'un
des seigneurs les plus puissants du royaume d'Arles; je
veux parler de Béatrix, fille unique de Guigues VI, dauphin de Viennois, et nièce du duc de Bourgogne. A l'occasion de cette négociation, Simon avait séjourné à Valence

---

(¹) *Chanson de la Croisade*, édition Meyer, vers 269. Adémar Iᵉʳ
fut comte de Valentinois et Diois de 1188 à 1230.

(²) Vaissette, nouvelle édition, III, 433. Le 4 décembre 1213, il
est à Valence; le 5 décembre, à l'Argentière. — A. Molinier, *Catalogue
des Actes de Simon de Montfort*, nᵒˢ 73 et 74. *(Bibliothèque de
l'Ecole des Chartes*, année 1873.)

(³) Pierre de Vaux-Cernay, Bouquet, XIX, 90. — Cf. Vaissette,
III, 432, 433. Sur la maison de Valentinois, consulter Duchesne,
Histoire généalogique des comtes de Valentinois.

jusqu'en décembre 1213 ; il dut y revenir au prinptemps suivant pour y recevoir la jeune fiancée des mains du Dauphin et du duc de Bourgogne(¹). Peu de temps après, le 30 janvier 1215, il obtenait de l'Eglise d'Arles l'inféodation du château de Beaucaire, de la terre d'Argence et de leurs dépendances (²) : ainsi s'assure-t-il des positions importantes sur les rives du Rhône, dans un pays dont l'avenir montrera l'hostilité pour la Croisade.

Depuis le commencement de la guerre, Lyon et les rives du Rhône avaient servi maintes fois de passage aux Croisés de France. Au printemps de l'année 1215, les Lyonnais virent arriver au milieu d'eux le plus illustre des chevaliers qui avaient pris la croix : Louis, fils de Philippe-Auguste (³). Simon dut revenir dans ces contrées pour y faire accueil à cet hôte illustre : le jour de Pâques, il rencontrait, à Lyon, le prince Louis. Le cardinal de Bénévent, légat du Saint-Siège, s'était rendu à Valence ; c'est là qu'il reçut le prince et Montfort. On sait comment Louis quitta le royaume d'Arles pour achever sa quarantaine en Languedoc : il restait cependant que ce voyage de l'héritier présomptif du royaume de France à travers les pays d'Empire, n'avait pas médiocrement contribué à y développer l'influence française... Deux mois plus tard, Simon de Montfort accompagnait le légat à

(¹) Pierre de Vaux-Cernay, Bouquet, XIX, 93.

(²) *Gallia Christiana*, I, *Instr.* Il y avait longtemps que les comtes de Toulouse tenaient ces biens en fief de l'Eglise d'Arles : l'archevêque Michel de Morèse, en les inféodant à Montfort, démontrait à tous qu'il le regardait déjà comme le successeur des Raymond. Voir une inféodation de 1178, Vaissette, VIII, 333.

(³) P. de Vaux-Cernay, dans Bouquet, XIX, 101.

l'abbaye de Saint-Antoine, en Viennois ; passant à Lauriol, il y prenait en fief, de l'évêque de Viviers, le château de Fanjaux en Argentière, et d'autres terres du Vivarais, jadis inféodées au comte de Toulouse (¹). Dès cette époque, en effet, le Pape avait provisoirement subrogé Simon aux droits de Raymond de Saint-Gilles, en attendant la décision définitive du Concile de Latran.

Le Concile général qui se réunit au Latran à la fin de l'année 1215 confirma ces dispositions ; toutefois, ce ne fut pas sans réserver à la famille de Saint-Gilles les terres qu'elle tenait de l'Empire, c'est-à-dire le marquisat de Provence, s'étendant entre l'Isère et la Durance et entre le Rhône et les Alpes. La cause de Raymond n'était d'ailleurs pas désespérée ; les contemporains ont dit avec quelle allégresse les villes de Provence reçurent le comte et son fils, lorsqu'en 1216 ils revinrent de Rome. Marseille et Avignon les accueillirent avec toutes les manifestations de l'enthousiasme méridional : partout les représentants des familles nobles du pays s'empressaient à leur apporter leurs hommages.

Mais il s'en fallait de beaucoup que cet enthousiasme fût unanime. La restauration des Raymond froissait les consciences des catholiques ardents et lésait les intérêts des seigneurs qui, couvrant leur avidité d'une apparence de zèle, s'étaient agrandis aux dépens de la maison de Saint-Gilles. De ce nombre était le prince d'Orange, Guillaume de Baux. Prenant les devants sur la décision du Concile, il avait, dès 1214, occupé tout le marquisat de Provence et s'en était approprié les revenus, feignant

---

(¹) 4 juillet 1215: Vaissette, VIII, 665.

d'exécuter ainsi un ordre spécial du Siège apostolique (¹).
Mais le Pape, plus modéré que beaucoup des partisans de
la Croisade, lui avait enjoint, dès le commencement de
l'année 1215, de restituer cette terre au légat Pierre de
Bénévent, afin que le futur Concile la puisse librement
attribuer à qui il jugerait bon; Innocent III déclarait
d'ailleurs ne vouloir porter aucun préjudice à la suzeraineté impériale, que nul ne mettait en question. Au lieu
d'obéir, le prince d'Orange se rendit à Rome afin d'y
appuyer de ses conseils et de son influence les prélats et
les barons qui demandaient la ruine complète des Raymond (²); aussi dut-il être étrangement déçu lorsque le
Concile réserva le marquisat au jeune comte de Toulouse.
Il accueillit cependant Raymond VI à Orange, quand ce
seigneur revint d'Italie en Provence; le poète de la Croisade ajoute même que les deux ennemis conclurent alors
un traité. Si ce renseignement est exact, il est en tous cas
certain que l'accord ne fut pas de longue durée, car en
cette même année 1216 la lutte éclatait entre les partisans
du comte Raymond et la coalition de ses adversaires,

(¹) Teulet, I, 410, n° 1099 : « Ad nostram audientiam noveris
esse perlatum quod nobilis vir Willelmus de Baucio totam terram, quam ab Imperio in Provincia comes ipse tenebat, pro sue
voluntatis arbitrio detinet, proventus in sua lucra convertens, asse-
rendo se super hoc speciale mandatum Sedis Apostolice recepisse.»
(Grégoire IX à son légat le cardinal de Sainte-Marie de Aquiro,
4 février 1215.) Ce texte a été l'objet d'une interprétation absolu-
ment erronée dans Barthélemy, *Inventaire des chartes de la maison
de Baux* (Marseille, 1882), n° 169.

(²) Voir sur ce personnage la note de Paul Meyer, *la Chanson
de la Croisade*, II, 203 et 204.

en tête desquels se trouvait le prince d'Orange ([1]).

Je ne décrirai pas ici les péripéties de cette guerre, qui devait, en 1218, coûter la vie à Guillaume de Baux. L'insurrection ramena en Provence Simon de Montfort, dont la vaillance se brisa contre la résistance du jeune Raymond à Beaucaire. Plus tard, en 1217, Simon dut entreprendre, dans la vallée du Rhône, une nouvelle expédition contre les partisans de Raymond. L'un des plus importants, Adémar de Valentinois, était naturellement en lutte avec les évêques de Valence et de Viviers ([2]); Simon, qui venait de soumettre Draconet de Montdragon, passe le Rhône, occupe Montélimar ([3]), et, remontant vers le Nord, s'empare de nombreux châteaux dans le domaine du comte de Valentinois : Rochefort, la Roche, Autichamp, la Baume, Upic, Rochette, Grane, Montmeran, Vaunaveys, Montaison tombent entre ses mains ([4]). C'est

---

([1]) *Chanson de la Croisade*, vers 3840 et suiv.

([2]) Les luttes entre les évêques de Valence et la maison de Poitiers duraient depuis très longtemps. Il est vraisemblable que son hostilité contre les évêques de Valence n'a pas peu contribué à pousser le comte de Valentinois vers le parti des comtes de Toulouse. Cf. Pierre de Vaux-Cernay, Bouquet, XIX, 109.

([3]) Simon, dans cette expédition, avait pour adversaire un des coseigneurs de Montélimar, Guiraut Adémar, et pour alliés l'autre coseigneur, Lambert, et aussi Silvion de Crest. Cf. Pierre de Vaux-Cernay, dans Bouquet, XIX, 109 ; et *Chanson de la Croisade*, II, 205, note 4.

([4]) *Archives de l'Isère*, Chambre des Comptes de Grenoble, B, 3521 (Communication de M. A. Prudhomme ; l'acte est de 1245 ; voir ci-après, p. 349).

lorsque Simon assiège Crest que le comte Adémar se résigne à se soumette (¹) : l'autorité que donnent ses victoires au chef de la Croisade lui permet de rétablir en même temps la paix entre Adémar et l'évêque de Valence; mais bientôt, Simon est rappelé en Languedoc par la nécessité d'y poursuivre les opérations militaires où il ne tardera pas à trouver la mort. On sait comment, en 1218, Simon périt devant les murs de Toulouse qu'il assiégeait. La même année, le prince d'Orange tombait entre les mains des Avignonnais, qui le tuèrent et mirent son corps en morceaux, tant étaient féroces les haines qu'avait soulevées cette guerre (²). En somme, les grandes communes et les adversaires de la Croisade l'emportaient à ce moment dans la vallée du Rhône.

III

Pendant que les Croisés du nord de la France sillonnaient la vallée du Rhône, pendant que Raymond de Toulouse et Guillaume de Baux se disputaient le marquisat de Provence, pendant que Simon de Montfort

---

(¹) **Pierre de Vaux-Cernay,** dans Bouquet, XIX, 109. — *Chanson de la Croisade*, vers 5685 et suiv.

(²) Ce meurtre suscita les protestations du pape Honorius. (Potthast, n° 5888.) Dès lors, et pour longtemps, la politique d'Avignon sera dirigée par les ennemis de l'Eglise.

cherchait, par la force comme par les négociations, à établir son influence dans le royaume d'Arles, quelle attitude gardait ce pouvoir impérial, dont les droits suprêmes ne semblent alors respectés que dans les formules diplomatiques? Le moment est venu de nous rendre compte de la conduite de Frédéric II dans les premières années de son règne.

Le 27 juillet 1214, la bataille de Bouvines avait porté un coup mortel à la puissance d'Otton de Brunswick. Il était facile, dès lors, de prévoir que l'Empire guelfe avait vécu. Une autre puissance apparaissait, celle de l'héritier des Hohenstaufen, à la fois le protégé du roi de France et (chose plus étrange) d'Innocent III, dont l'empereur Otton avait trompé les plus chères espérances. Après Bouvines, le triomphe de Frédéric II était assuré : aussi, les grands du royaume d'Arles ne devaient éprouver aucune répugnance à se soumettre au nouveau roi des Romains. Outre la puissante séduction qu'exerce toujours le soleil levant, beaucoup de seigneurs ecclésiastiques avaient de bonnes raisons pour se ranger au parti vainqueur : les prélats devaient naturellement porter leurs hommages au prince qui était pour le moment le champion de l'Eglise, et qui pouvait les défendre contre les usurpations incessantes de la féodalité laïque. D'ailleurs, ceux d'entre eux qui subissaient le plus l'influence française auraient eu mauvaise grâce à tenir rigueur au prétendant dont les succès avaient été en partie payés par les subsides du roi Philippe-Auguste. Aussi, quand en novembre 1214 Frédéric vint tenir une diète à Bâle, les prélats du royaume d'Arles ne demeurèrent pas à l'écart: Didier, évêque de Die, et Geoffroy, évêque de Saint-Paul-Trois-Châteaux, furent chargés de représenter à Bâle les

évêques du pays d'Empire (¹). Il convient de signaler
ici les privilèges nombreux dont des diplômes impériaux,
datés du 23 et du 24 novembre, assurèrent la confirmation et l'extension.

Les sièges métropolitains de Vienne et d'Arles attirè-
rent naturellement la bienveillance du roi des Romains.
A l'archevêque Humbert de Vienne, Frédéric reconnaît
la qualité d'archichancelier du royaume de Bourgogne
et le premier rang à sa cour. Sans doute l'antique cité de
Vienne ne doit avoir d'autre seigneur que l'Empereur,
dont elle relève immédiatement ; mais, pour le temps où
l'Empereur est absent, Frédéric confie à la garde de l'archevêque et du chapitre métropolitain la ville entière,
avec ses palais, ses ports, ses forteresses ; de plus, il
confirme l'Eglise de Vienne dans la possession de ses
biens, notamment du château de Saint-Chef, et renouvelle les anciennes chartes d'immunité promulguées en
sa faveur. L'archevêque exercera, sous la suzeraineté
impériale, les droits régaliens et la justice (²) ; lorsqu'il
sera appelé à rendre à l'Empereur les services d'ost ou
de cour, il pourra demander des subsides aux bourgeois

(¹) Les listes des témoins dans les diplômes donnent les noms
des seigneurs présents à Bâle. Nous indiquerons plus loin les
diplômes : pour la diète de Bâle, comme pour tous les actes de
Frédéric II, on trouvera des indications sommaires dans Böhmer-
Ficker, Regesta Imperii, V ; die Regesten des Kaiserreichs unter
Philipp, Otto IV, Freidrich II... etc., Innsbruck, 1881 et 1882,
nᵒˢ 732 et suiv. C'est ce recueil que nous indiquerons par ces mots :
Regesta.

(²) Voir, pour l'énumération des Regalia, les Libri Feudorum,
II, 56.

de Vienne et de Romans (¹). En outre, Frédéric confère à l'archevêque et au chapitre un droit de péage sur toutes les marchandises qui passeront à Vienne par les routes de terre et d'eau (²). Si les marchands tentaient d'éviter Vienne pour s'affranchir de ce droit, l'Eglise de Vienne pourrait le percevoir à Saint-Clair (³), ou en tout autre passage en dehors de la ville (⁴).

L'Eglise d'Arles ne le cédait à l'Eglise de Vienne ni en antiquité ni en importance. Arles était, suivant l'expression usitée dans la langue diplomatique, la capitale de la Provence et le siège principal de l'Empire dans ces contrées : c'était dans sa cathédrale qu'étaient couronnés les rois du pays. Aussi Frédéric adresse-t-il à l'archevêque Michel un diplôme où sont explicitement reconnus ses droits et prérogatives et où sont énumérées ses possessions (⁵). La comparaison des deux diplômes montrera facilement que les droits de l'archevêque d'Arles étaient moins étendus que ceux du métropolitain de Vienne. Déjà, en effet, se développait à Arles un pouvoir rival de celui de l'Eglise, je veux parler de la commune, à la tête de laquelle se trouvaient les consuls ; déjà des conflits s'étaient produits entre l'archevêque et les bourgeois : quelques années avant la diète de Bâle, Innocent III avait

---

(¹) Huilhard-Bréholles, *Historia diplomatica Friderici II*, I, 325, — Valbonnais, *Histoire du Dauphiné*, II, 46 ; *Gallia Christiana*. XVI, 45.

(²) Huilhard-Bréholles, I, 328 ; Valbonnais, I, 88.

(³) Canton de Roussillon (Isère).

(⁴) Chevalier, *Collection des Cartulaires Dauphinois; Diplomatique de Bourgogne*, par Rivaz, 82. — Cf. *Regesta*, n° 763

(⁵) Huilhard-Bréholles, I, 334.

dû s'adresser aux chefs de la commune pour leur en-
joindre de respecter les droits de l'archevêque (¹). Si peu
enclin qu'il fût à favoriser les communes, Frédéric ne crut
pas pouvoir sanctionner les privilèges des archevêques
d'Arles, sans garantir par un acte solennel l'organisation
municipale de cette ville, qu'il savait avoir été autrefois
confirmée par son grand-père Barberousse. Aussi lui
reconnut-il le droit d'être régie par des consuls investis
chaque année de la juridiction, sous la suzeraineté de
l'archevêque qui les nommait ou au moins participait à
leur désignation (²).

On se rappelle que l'évêque de Die, le bienheureux
Didier, était présent à Bâle. Il put y recevoir par le
sceptre, suivant l'usage, l'investiture de son temporel qui
comprenait les *regalia*, la juridiction sur la ville épiscopale, sur les voies publiques du diocèse, quelques forteresses et d'importants droits féodaux (³). C'était au détriment d'Adémar de Poitiers, seigneur de Valentinois, que
Frédéric renouvelait et augmentait les droits de l'évêque
de Die. Ici encore, en prenant le parti de l'évêque
contre la famille de Poitiers, Frédéric ne faisait que se
conformer à la tradition de son aïeul.

L'évêque de Viviers, Brunon, était le frère de l'évêque
de Die. Aussi Didier obtint pour lui la confirmation des
privilèges de son siège (⁴); en même temps un long di-

(¹) *Innoc. III Epistolæ*, XI, 67.

(²) Huilbard-Bréholles, I, 337.

(³) Huilbard-Bréholles, 330. Cf. Chevalier, *Cartulaire de l'Eglise
de Die*, 8 : dans la collection des *Documents relatifs au Dauphiné*,
publiée par l'Académie Delphinale.

(⁴) Huilhard-Bréholles (extrait), I, 329.

plôme renouvelait et augmentait les droits de l'évêque de Saint-Paul-Trois-Châteaux (¹). Enfin, Frédéric prit sous sa protection, comme l'avait fait son grand-père, le chapitre de Saint-Barnard de Romans qu'il maintint dans la possession exclusive du péage de Romans (²).

Tous ces actes attestent que les seigneurs ecclésiastiques étaient, comme autrefois, très disposés à s'appuyer sur le pouvoir de l'Empereur dès qu'il ne se présentait plus à eux comme un persécuteur. En revanche, Frédéric n'hésitait pas à les traiter comme ses alliés et les soutiens naturels de son pouvoir. En même temps, de concert avec l'Eglise, il cherchait à introduire une certaine régularité dans le désordre de la féodalité du Midi. Une des usurpations les plus odieuses des petits tyrans locaux était l'établissement arbitraire des péages. Déjà les conciles et Innocent III avaient protesté au nom de la justice contre ces exactions qui pesaient principalement sur les pauvres, sur les paysans, sur les marchands, sur les clercs. L'Eglise avait condamné comme illégitimes tous les péages qui ne pourraient être justifiés par des concessions d'empereurs ou de rois, ou par une possession immémoriale (³) : en cela elle était d'accord avec les

---

(¹) Huilhard-Bréholles, 337.

(²) Giraud, *L'Abbaye de Saint-Barnard de Romans*, I, 322. — Winkelmann, *Acta Imperii inedita* (Inusbruck, 2 vol. in-4°, 1881 et 1885), 103.

(³) Conc. Lateran. (1179), c. 22; Conc. Avenion. (1209), c. 7. — Cf. *Innoc. III Epistolæ*, lib. XII, « Processus negotii Raymundi. » Ordre donné à Raymond VI, « Ut pedagiorum seu guidagiorum exactiones tam in terra quam in aquis penitus dimittas ; nisi quas Regum vel Imperatorum concessione probaveris te habere. »

légistes impériaux qui rangeaient l'établissement des péages parmi les droits régaliens [1]. Frédéric II appliqua ce principe : tandis qu'il déterminait minutieusement le tarif des péages réguliers, il ne se faisait pas faute de proscrire les péages illégitimes : il défendait aux comtes, nobles et châtelains de la province de Vienne de lever de tels droits sans avoir obtenu le consentement du souverain ; les transgresseurs de cette défense devaient être poursuivis et punis par l'archevêque de Vienne, chancelier du royaume de Bourgogne [2]. S'adressant à Adémar de Poitiers qui, au mépris des droits des évêques, continuait dans le Diois les usurpations de ses prédécesseurs, le Roi s'exprimait en ces termes : « Nous vous enjoignons de vous abstenir des extorsions illicites que vous pratiquez sous prétexte de péages ; nous vous interdisons d'élever des fortifications sur la voie publique ; nous vous ordonnons de fournir satisfaction à l'évêque pour les droits que vous avez injustement perçus, et de vous conduire de telle façon que nous n'ayons pas lieu de vous écrire une seconde fois » [3].

Le lecteur a sans doute remarqué que les évêques de la partie méridionale du royaume s'étaient seuls tournés vers le roi des Romains. En effet, de longues luttes avaient anéanti l'influence impériale dans le comté et le duché de Bourgogne ; si quelques années auparavant l'archevêque de Lyon, Rainaud, avait obtenu de Philippe de

---

[1] *Libri Feudorum*, II, 56.
[2] Chevalier, *Collection des Cartulaires Dauphinois. — Diplomatique de Bourgogne*, par Rivaz, 82.
[3] Huilhard-Bréholles, 1, 333.

2

Souabe le péage de Béchevelin (¹), les événements politiques qui se passaient autour de Lyon éloignaient chaque
jour davantage cette ville de l'influence impériale et l'in-
troduisaient dans le cercle d'action de la politique française. D'ailleurs, si Frédéric II exerce quelque pouvoir
dans le midi de la France, ce n'est pas comme maître de
l'Allemagne, mais comme maître de la Méditerranée.
Avec les flottes de la Toscane et du royaume de Naples,
Frédéric est trop redoutable au commerce des villes provençales pour ne point devenir, dans une certaine mesure, l'arbitre des destinées de la Provence. Il ne faut
donc pas s'étonner de voir l'influence impériale s'exercer
surtout sur la partie méridionale du royaume d'Arles.
Même sur un théâtre aussi restreint, c'était encore une
belle et utile tentative que de montrer dans les provinces
trop facilement livrées à l'anarchie l'autorité énergique
d'une puissance régulatrice; c'était une noble et grande
idée que celle d'y faire apparaître le pouvoir impérial
comme le protecteur des opprimés et le rempart de la
justice. Pour atteindre ce but, Frédéric II comptait sur
le concours des prélats qui, de leur côté, se montraient
disposés à chercher près de lui une protection contre les
agressions des laïques. Comme on l'a dit plus haut, cette
politique ne pouvait être efficace qu'autant que l'Empire
ne romprait pas avec l'Eglise. Pour être moins dépendant
du pouvoir ecclésiastique, il eût fallu à Frédéric II un
corps d'administrateurs habiles et vigoureux qui, en tous

(¹) Hueffer, *die Stadt Lyons*, 77 Sur Béchevelin, voir *Le Man-
dement de Béchevelin*, par M. Saint-Olive, dans *Revue du Lyonnais*,
3ᵉ série, XIX, 501 et suiv.

temps et en tous lieux, eussent fait sentir aux gouvernés la puissance et le bras de l'Empereur. Faute de ces auxiliaires, Barberousse avait vu son autorité s'amoindrir lors de sa lutte avec la Papauté. Peut-être Frédéric II comprit-il que le même péril le menaçait; sans aller jusqu'à donner au royaume d'Arles une administration complète, du moins essaya-t-il à diverses reprises de s'y faire représenter par un vice-roi qui exercerait en son nom la souveraineté. L'histoire des premières années du règne de Frédéric II compte trois de ces tentatives, qu'il convient de ne pas laisser dans l'oubli.

IV

La première suivit de deux mois à peine la diète de Bâle, où déjà l'attention du nouveau souverain s'était portée sur le royaume d'Arles. Un diplôme du 8 janvier 1215 confère ce royaume à Guillaume de Baux, prince d'Orange, sous la réserve des droits de l'Empire (¹). Guillaume sera couronné en même temps que l'Empereur recevra la couronne impériale. « Nous commandons, ajoute Frédéric, que tous les habitants de ce royaume, clercs ou laïques, nobles ou roturiers, vous prêtent à vous, Guillaume, et à vos héritiers, le serment de fidélité qu'ils doivent à votre dignité royale....

(¹) Ce diplôme a été publié par Blancard, *Revue des Sociétés savantes des départements*, VI, 2, 439. — Winkelmann, *Acta*, I, 125.

Quiconque manquerait à ce devoir, se rendrait coupable du crime de lèse-majesté et encourrait la confiscation générale de ses biens. »

Un érudit a contesté l'authenticité de cet acte (¹), qui semble cependant soutenir avec succès l'épreuve de la critique. Les caractères extrinsèques du diplôme ne fournissent pas d'objections sérieuses. Si l'on considère l'objet même de l'acte, il est facile de reconnaître qu'il se concilie avec l'ensemble de la conduite de Frédéric II et de la politique impériale. Ce n'est pas la première fois, et on verra bientôt que ce n'est pas la dernière, que les empereurs entreprennent de constituer, dans le sud-est de la France, une royauté vassale de l'Empire. Frédéric lui-même essayera, à plus d'une reprise, de réaliser ce projet qui avait séduit Henri VI comme il devait séduire plus tard Rodolphe de Habsbourg et Louis de Bavière. Au surplus Frédéric venait de ressusciter pour son fils Henri le vieux titre de recteur, sous lequel les Zaetringen vaient quelque temps gouverné la Bourgogne (²). Pourquoi n'aurait-il pas tenté de relever le titre plus ancien et jamais oublié de roi d'Arles et de Vienne (³) ?

(¹) Winkelmann, *Otto IV* (Leipzig, 1878, in-8°), 385. Ce volume appartient à la remarquable collection des *Iahrbücher der Deutschen Geschichte*, publiée par la Commission royale d'Histoire de Munich. C'est le second volume de l'ouvrage intitulé : *Philipp von Schwaben und Otto IV.*

(²) *Rector Burgundie*, Winkelmann, *Acta*, I, n° 444.

(³) Consulter, sur cette question, Sternfeld, *Das Verhaeltniss des Arelats zu Kaiser und Reich* .., 41 et suiv. — Ficker, *Regesta*, 776. Ces auteurs tiennent pour l'authenticité du diplôme. Voir aussi Huilhard-Bréholles, *Introduction*, 250 ; I, 353.

Si l'on admet comme vraisemblable, chez Frédéric II , l'intention de rétablir ce royaume, le choix du prince d'Orange se justifie sans peine. Il était puissant et membre d'une famille influente dans tout le Midi. L'hostilité dont il avait fait preuve à l'égard de Raymond de Toulouse et les bonnes dispositions qu'il avai. témoignées au clergé [1], permettaient de croire que les prélats du royaume verraient son avènement sans trop de répugnance et qu'il ne serait pas facile aux malveillants de ranger le nouveau roi parmi les fauteurs de l'hérésie. On n'eût pu en dire autant de Raymond de Toulouse, ni d'Adémar de Valentinois ; quant à Raymond Bérenger, comte de Provence, ce n'était alors qu'un enfant. Ces considérations suffiraient à expliquer le choix de Frédéric ; mais à ces raisons s'en joignait une plus puissante, celle du fait accompli. On n'a pas oublié que Guillaume de Baux occupait à cette époque toute la terre d'Empire qui avait appartenu à Raymond de Toulouse. On se rappelle aussi les protestations que ces usurpations avaient provoquées de la part d'Innocent III [2].

Cependant, la constitution de la royauté nouvelle ne paraît pas avoir jamais été prise au sérieux, ni par les habitants du nouveau royaume, ni par Guillaume, ni par l'Empereur. Personne ne donna au prince d'Orange le titre royal et lui-même évita de le porter. Cette réserve

---

[1] Cf. Barthélemy, nos 140, 142, 146, 174, 177.

[2] Voir plus haut, page 257. A la même date, Frédéric II confirme à Hugues de Baux et à son neveu Raymond le privilège de Conrad III, qui, en 1145, leur avait accordé le droit de battre monnaie. *Regesta*, n° 777.

n'a pas médiocrement surpris les historiens ; il me semble toutefois possible d'en indiquer les causes. La constitution du royaume était en contradiction formelle avec les décisions du Concile de Latran et les volontés du Pape, qui entendait conserver à Raymond VII le marquisat de Provence. Or, le prince de Baux s'était toujours comporté comme un adversaire acharné de Raymond ; le faire roi d'Arles, c'était créer une situation incompatible avec l'ordre de choses voulu par le Concile. En outre, l'élévation projetée du prince d'Orange et son ambition bien connue durent attirer sur lui les jalousies et les haines de tous ses voisins. On peut conjecturer que les conseillers du jeune comte de Provence s'appliquèrent naturellement à traverser l'exécution de ce dessein : est-ce pour atteindre ce but que l'évêque d'Antibes fut, vers cette époque, envoyé au roi des Romains (¹)? Il n'est pas téméraire d'attribuer au Dauphin une grande froideur pour ce projet nouveau; quant à Raymond de Toulouse et à Adémar de Valentinois, il va de soi qu'ils ne pouvaient qu'être hostiles au prince d'Orange. Aussi la royauté de Guillaume n'exista pas de nom, encore moins de fait ; on sait comment, entraîné dans les luttes qui déchirèrent la Provence, il périt deux ans plus tard, victime de la haine sauvage des partisans de Raymond VII. Il ne resta d'autre trace de la royauté des Baux que la renonciation platonique que firent, en 1257, les héritiers de Guillaume en faveur de Charles d'Anjou (²).

A en croire quelques documents, il semble que, dès 1216, le duc Eudes de Bourgogne, adversaire ancien

---

(¹) *Cartulaire de Saint-Victor de Marseille*, II, 307.
(²) Cf. Blancard, *loc. cit.*

d'Otton de Brunswick et partant favorable aux Staufen, aurait exercé les fonctions de vicaire impérial dans la vallée du Rhône. Une notice sur les archevêques de Vienne, écrite en 1239, s'exprime en ces termes : « Eudes, duc de Bourgogne, confirma, en 1216, les privilèges de l'Eglise de Vienne, et les renouvela : *tanquam vicarius regis Friderici in regno Arelatensi* » [1]. En effet, par un diplôme de 1216, le duc confirme à l'archevêque Burnon le péage qui lui avait été conféré, en 1214, par Frédéric II. Winkelmann ne craint pas d'en conclure que depuis la diète de Bâle (1214), Eudes était vicaire de l'Empire dans le royaume de Bourgogne [2], conclusion évidemment exagérée, parce qu'elle est incompatible avec la concession qui fut faite, en 1215, de la couronne d'Arles au prince d'Orange. Il n'en est pas moins vrai que l'interprétation de ces textes n'est pas sans difficulté. L'explication la plus vraisemblable me paraît en avoir été donnée par M. Sternfeld [3] : l'intervention du duc Eudes se justifie par la grande influence qu'il possédait alors dans tout le sud-est de la France. On sait, en effet, qu'il était lié par la parenté la plus étroide à la famille des Dauphins de Viennois, voisins et rivaux des archevêques de Vienne. A cette raison indiquée par M. Sternfeld, il est possible d'en ajouter une autre : le duc Eudes, qui, on l'a vu plus haut [4], avait reçu, depuis 1213, la garde de

---

[1] Chevalier, *Collection des Cartulaires Dauphinois, Chronique des Archevêques de Vienne*, 30. — Cf Sternfeld, *op. cit.*, 43. Voir aussi Chorier, *Histoire du Dauphiné* (addition de 1869), 95 Chorier semble croire au vicariat du duc de Bourgogne

[2] *Otto IV*, 385.

[3] *Op. cit.*, 43.

[4] Page 255.

quelques châteaux du Valentinois, exerçait peut-être pour ce motif un pouvoir effectif dans la vallée du Rhône. En tous cas Eudes n'a jamais porté d'une manière permanente le titre de *vicarius*, dont Frédéric II ne régularisa l'usage qu'à une époque bien postérieure.

Quelque opinion qui doive prévaloir sur le rôle du duc Eudes, il est certain qu'en 1220 les fonctions de vicaire impérial pour le royaume d'Arles furent conférées à un ancien et fidèle partisan de Frédéric, le comte Guillaume de Montferrat[1]. Sa vice-royauté fut aussi stérile que les précédentes. L'histoire n'en aurait pas gardé le souvenir, si le pape Honorius III n'avait entrepris d'appuyer de son influence le représentant de l'Empire. Une lettre à ce sujet fut adressée par lui aux évêques du royaume d'Arles, moins d'un mois après le couronnement de Frédéric dans la basilique de Saint-Pierre. En l'écrivant, le Pape avait sans doute pour but principal d'accomplir une promesse faite au nouvel Empereur. « Frédéric, y disait-il, a confié le royaume d'Arles à notre cher fils Guillaume, marquis de Montferrat, qui, ainsi qu'il nous en a fait part, désire affermir ce royaume dans la fidélité à l'Empire et le dévoûment à l'Eglise. » Aussi les évêques devront, dans la mesure de leurs forces, lui prêter aide et concours. Il est enjoint particuliérement au cardinal-légat, Conrad de Porto, de seconder le marquis dans l'accomplissement de sa tâche et de s'efforcer de lui faire

[1] En 1217, il était envoyé par Frédéric II vers le Pape. — Pertz, *Epistolæ sæculi XIII e Regestis Pontificum Romanorum selectæ*, n° 27. — Sur sa vice-royauté, cf. Huilhard-Bréholles, II, 80; Bouquet, XIX, 713.

accepter comme conseillers les évêques de Valence et de Die (¹).

Le marquis de Montferrat jouissait de la faveur de l'Empereur et de celle du Pape. Il n'était pas inconnu dans le royaume d'Arles. Cependant, il n'y joua aucun rôle, et quand, en 1223, il partit pour l'Orient, où il devait mourir, sa vice-royauté était déjà oubliée. Tous les essais faits pour constituer une vice-royauté avaient définitivement échoué.

V

Pendant que se poursuivaient ces tentatives, Frédéric II avait saisi plus d'une fois l'occasion d'intervenir dans les affaires du royaume d'Arles. Si aride qu'en puisse être l'énumération, il me paraît difficile de ne point signaler au lecteur les actes principaux que rendit à ce moment la chancellerie impériale.

Dès le 20 avril 1215, Frédéric informe le comte de Provence, les seigneurs de Baux et tous les barons et châtelains du royaume d'Arles qu'il a pris en sa garde spéciale l'archevêque d'Arles : il les invite à s'unir à lui pour assurer à ce prélat une protection efficace (²). Est-ce une mesure dirigée contre la politique aggressive de Simon

---

(¹) Huilhard-Bréholles, II, 81. — Guillaume de Montferrat était le beau-père du Dauphin Guigues-André.

(²) Huilhard-Bréholles, II, 371.

de Montfort, qui, trois mois auparavant, sous le prétexte d'une inféodation, s'était établi solidement à Beaucaire, où il se faisait représenter par un sénéchal (¹)?

L'année 1216 est marquée par trois diplômes : l'un confirme aux hospitaliers de Saint-Jean leurs droits sur la ville d'Orange, tels qu'ils résultaient des donations qui leur avaient été consentis par divers membres de la famille de Baux et des transactions intervenues à la suite de ces donations (²). Le second est une affirmation nouvelle de la protection accordée par le Roi à l'abbaye de Montmajour, toujours obligée de lutter contre des voisins ambitieux et opiniâtres (³). Enfin, au mois de septembre, Frédéric confirme aux Templiers leur franchise d'impôts quant à la navigation et au transport des pèlerins qui s'embarquent au port de Marseille (⁴).

En 1218 fut rendu un diplôme en faveur du nouvel archevêque d'Arles, Hugues Béroard. En outre, au mois de juin de cette année, Frédéric renouvela à tous les sei-

---

(¹) Cf. Vaissette, III, 453 et 465.

(²) Huilhard-Bréholles, I, 441.

(³) Huilhard-Bréholles, I, 470. — Guillaume de Sabran disputait à cette abbaye la ville de Pertuis.

(⁴) Winkelmann, *Acta*, 1, 117. — Quant aux droits prélevés par les Marseillais sur les pèlerins qu'ils transportaient, on trouvera des renseignements dans les *Statuts de Marseille* (1228); Méry et Guindon, *Histoire des Actes et Délibérations de la Municipalité de Marseille*, I, 327. — Cf. Pardessus, *Lois Maritimes*, II, LVIII; Pigeonneau, *Histoire du Commerce de la France*, 140 et suiv.; Papon, *Histoire de Provence*, II, 299. — Il est inutile de dire que les Marseillais cherchaient à restreindre le plus possible les immunités des ordres religieux en cette matière. Voir une transaction de 1230, dans Barthélemy, *op. cit.*, supplément, n° 10.

gneurs de la province de Vienne la défense d'aggraver
les péages existants et d'en créer de nouveaux sans l'au-
torisation de l'Empereur (¹). C'était la suite de la sourde
lutte que livrait le roi des Romains aux seigneurs du
royaume d'Arles, notamment à Adémar de Poitiers (²).
Peut-être Frédéric se sentit-il obligé de faire quelques
concessions sur ce point, car, en février 1219, il reconnut
en faveur du comte Adémar de Poitiers un péage sur le
chemin public de Valence à Monteil et le maintint en
possession de tous les droits qui avaient été accordés à
ses prédécesseurs par les empereurs (³).

A compter de cette date, les actes de la chancellerie
impériale ne contiennent plus, pendant quelques années,
aucune disposition relative au royaume d'Arles. Est-ce,
comme on l'a supposé (⁴), qu'à cette époque Guillaume
de Montferrat exerçait effectivement la vice-royauté et
substituait son action à celle de l'Empereur? Il faudrait,
pour démontrer cette affirmation, produire des documents
qui constatent l'activité de Guillaume; or, on ne connaît
pas d'actes où Guillaume agisse comme roi d'Arles.
D'ailleurs, cette hypothèse n'est pas nécessaire pour
expliquer l'inaction de l'Empereur : Frédéric, occupé de
ses domaines d'Italie et de Sicile, put fort bien négliger
les affaires de France pendant les deux années qui suivirent son retour en Italie.

(¹) Huilhard-Bréholles, I, 935.
(²) Chevalier, *Table de la Diplomatique de Bourgogne*, 84.
(³) L'original de ce diplôme est aux Archives de l'Isère, Valentinois en général, paquet I. Huilhard-Bréholles n'en a pas connu le
texte. Cf. I, 935.
(⁴) Sternfeld, 51.

VI

Des événements plus graves, parce qu'ils furent étroitement mêlés à la politique générale du xiiie siècle, devaient bientôt appeler l'attention de l'Empereur : depuis longtemps déjà la ville de Marseille était déchirée par des dissensions intestines. On n'ignore pas que trois pouvoirs se partageaient cette ville : l'évêque, maître de la ville haute ; les vicomtes, seigneurs de la ville basse, et enfin la vieille et célèbre abbaye de Saint-Victor. Or, à la fin du xiie siècle et au commencement du xiiie, on vit à Marseille, comme en beaucoup d'autres cités, une organisation municipale croître et se fortifier à côté des pouvoirs anciens. L'influence des bourgeois s'accrut avec la prospérité commerciale et maritime de la ville ; peu à peu, dès les premières années du xiiie siècle, ils se trouvèrent assez riches et assez puissants pour racheter les droits féodaux que les vicomtes exerçaient dans la ville basse. Déjà l'observateur pouvait pressentir l'avènement de cette République Marseillaise, aux allures indépendantes et ambitieuses, qui devait coûter tant de peine à Raymond Bérenger et à Charles d'Anjou.

Entre les bourgeois et le pouvoir ecclésiastique qui régnait sur la ville haute, la jalousie était grande et les conflits fréquents. Cela ne paraîtra pas étonnant si l'on veut bien se rappeler que la ville basse, dirigée par une bourgeoisie active, riche, peu sympathique au clergé, très dévouée au comte de Toulouse, se trouvait tout naturellement animée à la lutte contre l'évêque et l'ancienne aristocratie des vicomtes ; ainsi le petit drame qui se jouait à Marseille n'était qu'un incident de la rivalité universelle entre les bourgeois et les classes qui les avaient précédés dans la possession du pouvoir. Marseille avait acclamé le comte de Toulouse à son retour du Concile de Latran ; les bourgeois de la ville basse étaient en ce moment en pleine querelle avec l'évêque ; aussi ne tardèrent-ils pas à être frappés des foudres de l'Eglise. Nous savons par un acte de février 1219 qu'à cette date ils étaient en instance auprès du cardinal-légat pour obtenir l'absolution et la levée de l'interdit qui pesait sur eux ([1]). L'accord se fit pour un moment : en janvier 1220, une transaction solennelle détermina les droits des deux parties ; l'évêque et le chapitre y figuraient pour la ville haute, et les chefs de la municipalité pour la ville basse.

Mais, soit que cet accord n'ait pas prévu toutes les causes de querelles, soit qu'il ait été mal exécuté, il ne suffit pas à établir une paix solide. Deux ans après, la lutte s'était ranimée entre l'évêque et les bourgeois de la cité vicomtale ; bien plus, excités par l'exemple et les conseils de leurs voisins, les habitants de la ville épiscopale entreprenaient d'enlever à l'Eglise le gouvernement temporel de leur cité. Ainsi ville haute et ville basse s'unissaient contre le pouvoir du clergé. L'évêque Pierre de Montlaur ne demeura pas inactif ; dans sa détresse, fidèle aux exemples de beaucoup de prélats du royaume d'Arles, il se tourna vers l'Empereur. Au mois de mai 1222, il se rendit à Cosenza, près de Frédéric, dont il

---

([1]) Barthélemy, n° 190.

obtint le renouvellement du privilège conféré en 1164 à son prédécesseur ([1]). Quelques mois plus tard, en février 1223, un diplôme impérial rendu à sa demande donna une confirmation solennelle à la transaction de 1219 ([2]).

L'Empereur, qui avait pris nettement la défense du prélat, s'était flatté de rétablir la paix sur la base des droits anciens de l'Eglise, modifiés et atténués par la transaction que les deux parties avaient acceptée. Aussi avait-il chargé l'archevêque d'Arles, Hugues, et Bermond, archevêque d'Aix, d'assurer à l'Eglise de Marseille la restitution qui lui était due ([3]). Comme Bermond mourut sur ces entrefaites, ce fut au seul archevêque d'Arles qu'incomba l'accomplissement de cette mission difficile. Tous ses efforts furent inutiles ; réduit à aller jusqu'à la dernière limite de ses pouvoirs, il fut obligé de mettre au ban de l'Empire les deux villes rebelles, la cité des évêques aussi bien que celle des vicomtes. Ainsi, les Marseillais étaient signalés à l'hostilité de tous, comme les perturbateurs de la paix et les ennemis du monde chrétien.

Frédéric, informé de la décision de son représentant ([4]), s'occupa de lui donner une sanction immédiate en soulevant ou en encourageant les adversaires naturels

---

([1]) Huilhard-Bréholles, II, 249.

([2]) Huilhard-Bréholles, II, 299.

([3]) Huilhard-Bréholles, 485.

([4]) Soit par les lettres de l'archevêque d'Arles, soit par les entretiens de l'évêque de Marseille qui revint à la Cour impériale, soit par l'archidiacre d'Arles et l'évêque d'Orange qui s'y rendirent à Palerme.

de Marseille. Les bourgeois d'Arles étaient les rivaux des Marseillais : déjà la guerre faisait rage entre les deux villes : par un diplôme du 22 mai 1225, Frédéric enjoignit aux Arlésiens de combattre Marseille de tout leur pouvoir, de saisir là où ils le pourraient les biens des Marseillais et de provoquer partout des coalitions contre eux (¹). Frédéric tenait le même langage au jeune comte de Provence, Raymond Bérenger, qui toutefois semble n'y avoir obéi qu'à la fin de l'année 1226 : c'est alors que s'engagea définitivement, entre lui et les Marseillais, une lutte qui devait désoler la Provence pendant de longues années. De leur côté les Marseillais, avertis du danger qui les menaçait, s'étaient hâtés de resserrer leur alliance avec la commune d'Avignon qui, comme eux, gardait toutes ses sympathies au comte Raymond VII (²). Déjà les positions sont prises en vue de la guerre qui bientôt s'ouvrira entre les comtes de Toulouse et de Provence.

Ce n'était point une pure affaire de forme que la sentence rendue par Frédéric contre les Marseillais. Grâce aux Croisades, les relations maritimes de Marseille se

---

(¹) Huilhard-Bréholles, II. 484 et 487 A la même date, sollicité par l'archidiacre d'Arles et l'évêque d'Orange, l'Empereur renouvelle les privilèges accordés au siège épiscopal d'Arles par Frédéric Barberousse, met l'archevêque en possession de ses *regalia*, lui concède liberté entière d'acquérir et lui défend d'aliéner Salon, où il lui accorde un péage pour cinq ans. Huilhard-Bréholles, II, 473 à 477. *Regesta*, nᵒˢ 1553 et suiv. — L'évêque de Marseille obtient une confirmation nouvelle de ses privilèges: Huilhard-Bréholles, II, 483; *Regesta*, n° 1561 : l'évêque d'Orange obtint aussi un privilège pour son Eglise. Huilhard-Bréholles, II, 472. *Regesta*, n° 1552.

(²) Méry et Guindon, I, 324.

sont largement accrues : maintenant, la ville provençale est devenue une place de commerce qui peut supporter la comparaison avec Gênes, Pise, Amalfi, Venise. Ses navires transportent les pèlerins en Terre-Sainte ; ils répandent sur toute l'étendue des côtes de la Méditerranée les produits français, en échange desquels ils rapportent les richesses de l'Orient et de l'Afrique ; on les rencontre dans les ports d'Italie, dans les Echelles, en Egypte et sur les côtes des Etats barbaresques (¹). Déjà les Marseillais ont leurs comptoirs dans les principales villes maritimes de l'Orient ou du Maroc ; des consuls sur terre et sur mer sont chargés de veiller sur leur commerce et s'acquittent activement de leur mission. Aussi on devine de quelle importance est pour Marseille la bienveillance des villes et des seigneurs du littoral ; on s'explique les traités de commerce et d'amitié que Marseille aime à conclure et dont le xiiiᵉ siècle nous offre plus d'un exemple. Que l'on réfléchisse maintenant à l'influence de Frédéric II, maître incontesté de la Sicile, puissant en Italie, faisant sentir son autorité sur une longue ligne de côtes, disposant de flottes comme celles d'Amalfi ou de Pise, tournant déjà ses regards vers la Syrie : il est facile de comprendre que Frédéric est dans la Méditerranée le pouvoir dominant, et que Marseille ferait acte de folie en lui résistant ouvertement. Par ce seul fait que l'Empe-

(¹) Sur le développement du commerce à Marseille, voir, outre les ouvrages cités plus haut (p. 274) : Mas-Latrie, *Traités de paix et de commerce, et documents divers, concernant les relations des Chrétiens avec les Arabes*, Paris, 1868. — Introduction, pp. 37 et suiv. ; p. 64, *Et passim*.

reur les traite comme ennemis, les Marseillais se trouvent
en guerre avec la plupart des riverains de la Méditerranée
et doivent cesser avec eux toutes relations ; leurs rivaux
italiens s'empressent de profiter des proclamations impériales pour courir sus à leurs navires et les supplanter
dans leurs positions commerciales. Quand même Frédéric
n'eût pas entendu user dans toute leur rigueur de ses
droits contre la cité rebelle, il suspendait au moins tous
leurs privilèges ; or, pour se rendre compte de l'importance des privilèges que pouvait obtenir à cette époque
une cité commerçante, il suffit de lire le diplôme
accordé par Frédéric II, quelques années plus tard,
à la république de Venise : on y trouvera, longuement
énumérés, la sauvegarde des personnes et la liberté du
commerce promises aux Vénitiens dans tout le royaume
de Sicile, l'atténuation ou l'exemption totale de certains
impôts sur les achats et les ventes, des tarifs de faveur
en ce qui concerne les droits sur la navigation et les taxes
de douane à l'exportation, la reconnaissance au profit des
Vénitiens qui viendraient à mourir dans le royaume, de
la faculté de transmettre librement leur succession testa-
mentaire ou *ab intestat* ([1]). Telles étaient les faveurs que
l'Empereur dispensait à ses amis et retirait à ses adversaires. Aussi les Marseillais furent assez avisés pour comprendre qu'il fallait renoncer à soutenir une lutte aussi
dangereuse ; ils ne tardèrent pas à entrer en négociations

([1]) Huilhard-Bréholles, IV, 310 (1232). Cf. pour les droits de
chaîne que l'Empereur voulait. en 1231, imposer à ses ennemis les
Génois dans les ports d'outre-mer. *Annales Januenses*, 170, et *Regesta*, n° 1851.

avec Frédéric. Deux bourgeois, des plus riches et des plus considérables, qui avaient joué un rôle important dans les événements des dernières années, Guillaume-Vivaud et Pierre- de Saint-Jacques (¹), furent dépêchés auprès de Frédéric, qui se trouvait dans le sud de l'Italie. Mais, en dépit de la précaution qu'ils avaient prise de porter sur leurs vêtements le signe révéré de la Croisade, les ambassadeurs ne recueillirent que la honte d'être jetés en prison par les ordres de l'Empereur, si violent était le ressentiment de Frédéric contre l'insolence de Marseille ! En même temps, par divers actes d'octobre 1226, l'Empereur affirme ses dispositions favorables à Raymond Bérenger qui allait devenir l'ennemi de Marseille : d'une part, il lui inféodait le comté de Provence (²); d'autre part, il déclarait nulles et non avenues, comme contraires à la constitution de l'Empire, les concessions de consulat et de liberté municipale qui avaient pu être accordées par les comtes de Provence à leurs sujets (³). Cette malveillance de l'Empereur vis-à-vis des communes n'étonnera pas, si l'on remarque qu'à cette époque Frédéric

---

(¹) Les noms de ces bourgeois se retrouvent très fréquemment au bas des actes marseillais de cette période. Cf. Méry et Guidon, passim. — En 1220, Guillaume Vivaud le jeune achète de Hugues de Baux le château de Cuges. Barthélemy, *Inventaire des chartes de la maison de Baux*, n° 200.

(²) Huilhard-Bréholles, II, 681. Son second diplôme révoque toutes les aliénations consenties, quant aux comtés de Provence et de Forcalquier, par le comte Alfonse et par Raymond Bérenger. *Ibid*, 684.

(³) Huilhard-Bréholles, 683. Pertz, *Leges*, IV, 256.

est sérieusement menacé par l'opposition des villes lombardes.

Non seulement les Marseillais étaient au ban de l'Empire; l'excommunication qu'ils avaient encourue les avait mis au ban de l'Eglise. Sous la pression de cette double contrainte, ils furent amenés à se rapprocher de leur évêque : ils firent leur soumission, promettant au cardinal de Saint-Ange, légat du Pape, et à l'évêque de Marseille, la réparation du préjudice qu'ils avaient causé à l'Eglise. Cette réconciliation semble avoir été sérieuse sinon durable; en effet, par une lettre du 21 février 1227 le pape Honorius intercédait auprès de l'Empereur pour obtenir de lui qu'il se réconciliât avec la commune et qu'il mît en liberté les deux Marseillais emprisonnés [1].

Au surplus, la commune avait essayé de se ménager d'autres intercesseurs. Le comte Thomas Iᵉʳ de Savoie avait lié étroitement sa politique à celle de l'Empereur, au point d'être nommé vicaire de l'Empire en Lombardie [2]. Les Marseillais entrèrent en relations avec lui : Thomas ne rougit pas de leur vendre pour deux mille marcs d'argent son influence sur l'Empereur. Le plan était de déterminer Frédéric à désigner le comte de Savoie pour trancher la querelle entre les Marseillais et leur évêque. A vrai dire, les bourgeois n'auraient pu trouver de

---

[1] Huilhard-Bréholles, II, 714. Méry et Guindon, I, 433.

[2] Aussi le dauphin Guigues-André, rival de Thomas de Savoie, se fit-il l'allié des ennemis de l'Empereur et du comte en Italie. En 1228, il conclut un traité d'alliance avec les villes de Turin, Pignerol et Testona contre l'Empereur et le comte de Savoie. Wurstemberger, *Peter II von Savoyen, Urkunden*, nᵒ 70.

meilleur juge : Thomas leur avait promis à l'avance de leur attribuer la juridiction temporelle tant dans la ville épiscopale que dans la ville basse. Il s'était engagé, en outre, à leur reconnaître, au nom de l'Empereur, les immunités importantes que leurs rivaux de Pise possédaient en Italie, par exemple le droit d'avoir dans les ports d'Italie des consuls pour exercer la juridiction sur les marchands de Marseille. Naturellement le comte Thomas s'obligeait à faire lever le ban impérial qui frappait la cité et à obtenir la liberté des deux captifs ([1]). Dans les conflits de cette époque, ce n'était pas la première fois qu'un comte de Savoie vendait son appui au plus offrant ; toutefois, cette singulière négociation ne semble pas avoir abouti : Thomas en fut pour la honte de son marché, et les Marseillais ne firent pas leur paix avec Frédéric ; il est d'ailleurs permis de supposer que l'influence de Pise et des autres ports italiens en mesure d'agir sur l'Empereur ne devait pas s'exercer au profit de Marseille.

Les Marseillais ne furent définitivement absous et réconciliés avec l'Eglise qu'au mois de janvier 1230, alors qu'un nouvel évêque, Benoît d'Alignan, eut remplacé, sur le siège de Marseille, l'évêque Pierre. Quant à la lutte contre l'Empereur et ses alliés, nous savons qu'elle était plus active que jamais en 1228. En cette année, l'Empereur avait été saisi des plaintes de Hugues de Baux, devenu vicomte de Marseille par son mariage avec la fille de Barral : comme les Marseillais entravaient Hugues dans le libre exercice de ses droits, l'Empereur chargea Draconet de Montdragon et Blacas d'exiger de la commune

---

([1]) Méry et Guindon, I, 318.

les restitutions qui lui étaient dues ([1]). Quelques mois plus tard, en octobre, du consentement de l'archevêque d'Arles, Raymond Bérenger et la commune d'Arles concluaient pour trois ans un traité d'alliance dirigé contre Marseille ([2]). Bien plus, en vertu d'un acte du 23 décembre, le comte de Provence dut s'engager à ne faire ni paix ni trève avec les Marseillais sans sauvegarder les droits qu'un autre membre de la famille de Baux, Raymond, prétendait avoir contre Marseille ([3]). On le voit, Raymond Bérenger était considéré comme le chef naturel de tous ceux qui pouvaient invoquer des griefs contre la commune marseillaise.

Un acte de l'Empereur prouve clairement qu'en avril 1229, Marseille n'était pas encore rentrée en grâce auprès de lui. Par un diplôme daté d'Acre, il rend aux marchands de Montpellier qui fréquentent ce port tous es privilèges dont ils jouissaient au temps où ils y abordaient sur des vaisseaux de Marseille ([4]). Ce simple fait démontre que les navires marseillais étaient encore exclus des ports soumis à l'Empereur et que tous les privilèges de Marseille étaient considérés comme anéantis. L'acte de Frédéric est d'autant plus significatif qu'à la même époque il comblait de privilèges les marchands de Pise qui venaient faire le commerce à Acre ([5]). Il est bien évident que le ban impérial n'a guère dû être levé avant

---

([1]) Barthélemy, n° 225.

([2]) Papon, *Histoire de Provence*, II, Pr. LV.

([3]) Barthélemy, n° 227.

([4]) Winkelmann, *Acta*, n° 302.

([5]) Cf. Huilhard-Bréholles, III, 131 et suiv. — *Regesta*, 1743 et suiv.

1230, année où, comme on l'a vu, les Marseillais se réconcilièrent avec le pouvoir ecclésiastique.

L'Empereur avait énergiquement défendu les droits de sa couronne et du clergé contre les prétentions d'une bourgeoisie ambitieuse. Mais la Provence n'était point pacifiée ; bientôt la ville de Marseille, en se donnant au comte de Toulouse, allait provoquer la guerre désastreuse qui, pendant longtemps, désola le midi de la France. Notre tâche est de rechercher les vicissitudes de la politique impériale dans ces circonstances : pour la bien suivre, il convient de revenir sur nos pas et se rappeler les graves événements qui, depuis 1226, s'étaient passés dans d'autres parties du royaume d'Arles (¹).

(¹) Il convient de signaler ici quelques diplômes rendus vers cette époque en faveur d'établissements religieux. En mai 1223, Frédéric prend sous sa protection l'abbaye de Montmajour, près d'Arles, et charge l'archevêque d'Arles et l'évêque de Cavaillon de défendre cette abbaye contre Guillaume de Sabran, comte de Forcalquier. — Le 6 avril 1224, l'Empereur donne à ces deux prélats la mission d'obtenir que Guillaume de Sabran restitue Pertuis à l'abbaye. *Regesta*, nos 1494, 1495, 1527 ; Huilhard-Bréholles, II, 367, 369, 1527. — Ficker signale encore, au sujet de cette affaire, un faux diplôme du 14 novembre 1224, no 1544, Huilhard-Bréholles, II, 464. — Tous ces actes de l'Empereur, non plus que les condamnations de l'Eglise, ne déterminèrent le comte Guillaume à restituer Pertuis ; il le conserva en dépit des excommunications et des menaces. — Il faut citer encore deux diplômes : l'un de mai 1223, l'autre de juin 1224, en faveur de l'abbaye de Saint-Césaire d'Arles : *Regesta*, nos 1493 et 1533. Huilhard-Bréholles, II, 367 et 434, et un diplôme rendu en 1226 en faveur de l'Eglise de Tarentaise et de son archevêque Herluin. *Regesta*, no 1602 ; Huilhard-Bréholles, II, 560 ; *Gallia Christiana*, XII, 391.

VII

Depuis la mort du comte de Montfort, la situation du Midi s'était profondément modifiée. Amaury, le fils du vainqueur de Muret, était maintenant vaincu et découragé ; il avait cédé ses droits au roi de France. Peu à peu le rejeton de la maison de Saint-Gilles, Raymond VII, avait recouvré les domaines de sa famille ; mais, las de se trouver sous le coup des anathèmes de l'Eglise, il avait essayé de rentrer en grâce auprès de la puissance ecclésiastique. En 1224, lors du Concile de Montpellier, il avait fait preuve de dispositions suffisamment favorables pour que l'on pût croire la paix prochaine. Sur les terres d'Empire, le jeune marquis de Provence possédait de riches domaines ; peut-être l'Empereur prévit-il qu'il s'en servirait pour faire des concessions à l'Eglise, au roi de France ou aux Croisés. Cette considération expliquerait un diplôme rendu à Foggia en mai 1225, par lequel Frédéric défendait au comte de Toulouse d'aliéner aucune des terres qu'il tenait de l'Empire (¹).

Les tentatives de pacification n'aboutirent pas ; l'année suivante le roi de France, reprenant pour son compte la querelle de la Croisade, descendit lui-même dans le Midi. C'est à Lyon que se rassembla l'armée d'invasion pour

---

(¹) Huilhard-Bréholles, II, 477. — Papon, *op. cit.,* xlix.

se diriger ensuite vers Avignon par la vallée du Rhône (¹).

Personne dans le Midi ne pouvait méconnaître la gravité de la situation : pour la première fois, le roi de France apparaissant comme l'héritier de la Croisade, venant à l'heure marquée pour recueillir les fruits des luttes sanglantes des quinze dernières années ; il avait bien choisi ses adversaires, ces Avignonnais rebelles, assassins de Guillaume de Baux, indociles aux représentations du Saint-Siège, complices de Marseille dans sa révolte contre l'Eglise et l'Empire. « A la nouvelle de son approche, écrit M. Boutaric, un grand nombre de villes et de seigneurs firent leur soumission.... Le clergé se met à la tête des populations pour solliciter l'arrivée du roi de France, aller au-devant de lui et se ranger avec joie sous sa domination. De toutes parts arrivèrent au Roi des adresses de soumission où éclate un enthousiasme trop exagéré pour être bien sincère » (²). Raymond Bérenger, fidèle à sa vieille hostilité contre le comte de Toulouse, ne tarda pas à se tourner vers le roi de France avec lequel il conclut un traité d'amitié (³). Tout ce qui était catholique ou feignait de l'être appelait de ses vœux le triomphe de Louis VIII.

Le comte de Toulouse ne se mêla point personnelle-

(¹) Sur l'importance du rôle de Lyon dans ces événements, Cf. Hueffer, *die Stadt Lyons*, 81. On verra que l'archevêque de Lyon était souvent mêlé aux affaires de la féodalité française. Il avait, dès 1223, pris part à une assemblée tenue à Paris où l'on avait résolu, pour 1224, l'expédition dans le Midi, qui n'eut lieu qu'en 1226.

(²) Boutaric, *Saint Louis et Alfonse de Poitiers*, 37. — Voir les adhésions de ces seigneurs dans Teulet, II, nᵒˢ 76 et suiv.; Vaissette, VIII, 848.

(³) Vaissette, VIII, 842.

ment à la lutte ; il se retira après avoir engagé à la commune d'Avignon, en sûreté des avances qu'elle lui avait consenties, le Comtat-Venaissin et toute la rive gauche du Rhône (¹). Cependant les Croisés s'avançaient ; dès le 8 juin 1226, après des incidents que nous n'avons pas à rapporter ici, ils mettaient le siège devant Avignon (²). Cette entreprise ne s'accomplit pas sans quelques scrupules de la part des barons de France : ils sentaient bien qu'une pareille expédition était une dénégation de la souveraineté de l'Empire sur la rive gauche du Rhône ; aussi crurent-ils de leur devoir d'envoyer à Frédéric II leurs explications et leurs excuses. Les évêques de Beauvais et de Cambrai et l'abbé de Saint-Denis furent chargés d'exposer à l'Empereur comment l'Eglise et les Avignonnais eux-mêmes avaient sollicité cette expédition ; comment, au mépris de tout droit, les Avignonnais, oublieux de leurs promesses, avaient rompu leurs ponts plutôt que d'y laisser passer le roi de France et les Croisés ; comment, enfin, à la demande de toute l'armée, Louis VIII avait dû se résigner à assiéger Avignon, repaire des hérétiques et de leurs complices (³). D'ailleurs,

---

(¹) Teulet, II, 83. — Vaissette, VIII, 858.

(²) Sur ce siège et les incidents qui le signalèrent, on lira avec précaution la relation de Matthieu Paris, *Chronica majora*, édition des *Scriptores rerum Britannicarum*, III, 114 et suiv.

(³) Huilhard-Bréholles, II, 612, 614. — Vaissette, VIII, 840, clxxi. — Cette lettre est signée des principaux membres du clergé et de la noblesse de France. Elle réserve les droits de Frédéric : « Salvo in omnibus et per omnia jure vestro contra quod dominus Rex ullo modo venire nec vellet nec deberet. » Dans un manifeste daté du 9 juin 1226, Romain, cardinal de Saint-Ange, réservait aussi les droits de l'Empire. — Vaissette, VIII, 848, clxx.

les barons ajoutaient qu'ils étaient disposés à respecter
les droits souverains de l'Empire dans les contrées en-
vahies.

Après un long siège, Avignon tomba entre les mains
des Croisés. Pendant que Louis VIII poursuivait sa campagne en Languedoc, le légat du Pape put librement
prendre en main le gouvernement des terres qui for-
maient le domaine de Raymond VII sur la rive gauche
du Rhône. Sans doute, la cour de Rome agissait ainsi en
vertu des décrets du Concile de Latran ; mais, pour une
fraction de l'opinion publique, un tel fait n'en consti-
tuait pas moins une violation flagrante de la souveraineté
impériale. Frédéric le comprit ; nous le verrons plus tard
en demander la réparation.

VIII

Dès 1226, Frédéric sollicita du Pape la restitution des
terres saisies par l'Eglise : Honorius, tout en reconnais-
sant formellement les droits de la couronne impériale, lui
opposa des moyens dilatoires : le pays n'était point paci-
fié, les hérétiques n'étaient point domptés, le gouvernement de l'Eglise et des prélats paraissait nécessaire pour
quelque temps encore ; plus tard, on rendrait à l'Empereur une contrée paisible, où l'on aurait sauvegardé scru-
puleusement les droits de l'Empire (1).

Cependant, si mécontent qu'il fût de l'agression des

---

(1) Raynaldi, 1226, § 31. — Huilhard-Bréholles, II, 693.

Croisés, Frédéric ne pouvait sans hésitation se ranger du côté de Raymond VII et des victimes de la campagne de 1226([1]). En effet, à cette époque, il était lui-même en lutte contre Marseille et manifestait ouvertement son alliance avec le comte de Provence; or, l'ennemi du comte et l'allié, tantôt latent, tantôt déclaré, des bourgeois de Marseille, était ce même Raymond VII contre lequel Louis VIII avait dirigé son expédition. En outre, on ne l'a pas oublié, un des principes sur lesquels reposait la politique des Staufen était l'alliance avec la royauté française dont l'expédition de Louis VIII venait encore une fois d'attester la force : se déclarer ouvertement pour Raymond VII et les adversaires du jeune roi Louis IX n'était pas le moyen de consolider cette alliance.

Pour ces raisons et beaucoup d'autres, l'Empereur, à la fin de l'année 1226, se rapprocha de Raymond Bérenger et n'insista pas sur la protestation qu'il avait élevée contre l'occupation du marquisat de Provence. Ce pays était alors aux mains de l'Eglise. Le célèbre traité de 1229, qui mit fin à la guerre des Albigeois et détermina la réunion du Languedoc à la France, reconnut cet état de choses : le comte de Toulouse y disait : « Nous abandonnerons pour toujours au seigneur légat, représentant de l'Eglise, toute la terre d'Empire sur l'autre rive du Rhône ([2]), et

---

([1]) Teulet, II, 647.

([2]) Vers cette époque, l'Empereur Frédéric, saisi des querelles entre Guillaume, évêque élu de Valence, et le comte Adémar de Valentinois, condamna le comte à payer à l'Eglise 8,000 marcs d'argent de dommages-intérêts. J'extrais ce renseignement du titre conservé aux *Archives de l'Isère* (février 1245), Chambre des comptes de Grenoble, B, 3521.

tous les droits qui nous y appartiennent. » Désormais, c'est en s'appuyant sur le double fondement du Concile de Latran et du traité de Paris, que les délégués du Saint-Siège exerceront leur pouvoir sur ces débris du royaume d'Arles. Pour la garde du marquisat, le roi de France met ses agents à leur disposition, en se réservant toutefois la faculté de s'affranchir de cette obligation si elle lui devenait trop onéreuse ([1]). Frédéric ne proteste plus ; mais, en dépit des apparences, il ne s'est pas résigné à l'abandon définitif des droits de l'Empire sur le marquisat.

IX

En attendant, il poursuit ses efforts pour pacifier le Midi. En 1230, les événements amenèrent auprès de lui l'archevêque d'Arles, Hugues Béroard, qui fit un séjour à la Cour impériale. Il y obtint encore une fois la confirma-

---

([1]) 30 décembre 1228 : Acte du cardinal Romain de Saint-Ange : « Jus et terram que habebat vel tenebat olim comes Tholosanus citrà Rodanum, recommandavimus custodienda nomine Ecclesie Romane dilectis nostris A. de Milliaco, gerenti vices regis Francorum illustris, et Peregrino senescallo Bellicadri, tali modo quod dictus Rex ipsam terram faciet per eos vel per alios quos viderit expedire bona fide pro Romana Ecclesia custodiri. » Si le roi veut renoncer à cette garde, il ne le pourra qu'après avoir notifié son intention au Pape trois mois à l'avance, par lettres patentes. — Cf. Teulet, loc. cit.

tion des droits et privilèges de son siège (¹). De plus, Hugues représenta à l'Empereur la triste situation à laquelle les guerres et l'avidité de voisins tels que les Baux et le comte de Toulouse, avaient réduit son Eglise (²) ; en considération de ces circonstances, Frédéric prolongea jusqu'au terme de la vie de Hugues la concession du péage de Salon (³), et lui permit de lever un autre péage à Arles. Enfin, pour trancher toutes les difficultés que pourraient soulever les seigneurs et les communes, il reconnut à l'Eglise d'Arles la liberté absolue d'acquérir, à titre gratuit ou onéreux, malgré les prescriptions contraires des statuts locaux (⁴). Hugues séjourna à la Cour assez longtemps pour assister, le 1ᵉʳ septembre, à l'entrevue d'Anagni, où s'acheva la réconciliation de l'Empereur avec Grégoire IX. Quand il revint d'Italie, il était visiblement affermi dans la faveur impériale et investi derechef de la mission difficile de rétablir la paix, si profondément troublée par les différends du comte de Provence avec la commune de Marseille et son allié le comte de Toulouse.

(¹) Huilhard-Bréholles, III, 223 ; Winkelmann, *Acta*, I, 277 et 278.

(²) En cette même année 1230, Grégoire IX s'adressait au roi de France pour lui demander de tenir compte des droits de l'Eglise d'Arles sur le château de Beaucaire. Le Roi, succédant aux droits du comte de Montfort, occupait ce château sans rendre aucun service à l'archevêque dont il était ainsi devenu le vassal. Potthast, 8552. Cf. une lettre analogue au sujet du château de Mornas. Potthast, 8553.

(³) Huilhard-Bréholles, III, 222. *Regesta*, 1810.

(⁴) Huilhard-Bréholles, III, 224. Winkelmann, *Acta*, I, 279.

Les premières ouvertures de l'archevêque furent bien accueillies du comte de Provence, qui, repoussé à ce moment par les Marseillais, se déclara sans peine disposé à se soumettre au jugement de l'Empereur ou de l'archevêque son vicaire ([1]); · à vrai dire, l'attitude antérieure de Frédéric II donnait lieu de croire que sa sentence définitive ne serait pas trop dure pour Raymond Bérenger. Malheureusement ces dispositions pacifiques ne trouvèrent aucun écho du côté des Marseillais. Ils venaient, comme on le sait, de se confier à Raymond VII et de lui abandonner, pour quelque temps, tous les droits de la cité vicomtale, si chèrement achetés par de longues querelles et de laborieuses négociations. En revanche, devant les syndics et le peuple de la ville, en présence d'Hugues et de Raymond de Baux, ralliés maintenant à la cause de Marseille, Raymond avait juré de défendre la ville et ses habitants, et d'en conserver les franchises; il se réservait d'ailleurs la faculté de rendre la vicomté à la commune quand bon lui semblerait ([2]). La ville de Tarascon n'avait pas tardé à se joindre à l'alliance marseillaise.

Aussi la guerre se ranima entre les deux partis. Sans que nous en connaissions les vicissitudes, nous pouvons penser qu'elle ne fut pas défavorable au comte de Provence, car, au printemps suivant, Hugues de Baux, le nouvel allié des Marseillais, était certainement détenu

---

([1]) Winkelmann, *Acta*, I, n° 620. Dans ce document, Hugues est désigné comme *Vicarius Imperatoris*.

([2]) Teulet, II, 188. Cf. Barthélemy, n° 239.

à Aix comme prisonnier de Raymond Bérenger (¹).
Toutefois le parti du comte de Provence n'avait cessé
de témoigner de ses intentions pacifiques. Le 18 février
1231 (²), l'archevêque Hugues promettait encore à Raymond Bérenger de ne négliger aucun effort pour retirer
aux habitants de Marseille et de Tarascon l'appui du
comte de Toulouse et pour briser les liens qui s'étaient
formés entre Raymond VII et les villes provençales. Plus
tard, le 9 avril, c'était l'évêque de Marseille qui s'engageait, vis-à-vis du comte de Provence et du podestat
d'Arles, à faire tous ses efforts pour calmer l'ardeur belli-
queuse de ses diocésains (³). On le voit, l'influence de
l'Eglise, comme celle de l'Empire, s'exerçait au profit de
Raymond Bérenger.

Un autre fait montre combien étaient pacifiques les
dispositions de la ville d'Arles, alliée du comte de
Provence : le 14 juillet 1231, son podestat, Perceval
Doria, et ses syndics obtenaient de Raymond Bérenger la
mise en liberté provisoire du captif Hugues do Baux, à
condition que ce prince travaillerait à établir une trève
entre le comte de Toulouse et le comte de Provence (⁴).
Le parti de Toulouse ne répondit à ces avances que par

(¹) Papon, II, *Preuves*, LVIII. — Cf. Barthélemy, n° 243.

(²) Je maintiens cette date d'après le texte donné par Papon,
Preuves, LVIII. — *Contrà*, Sternfeld, 75.

(³) Papon, *ibid.*

(⁴) Au cas où, pour le commencement de septembre, Hugues aurait échoué, ou bien si, avant cette date, Raymond VII passait le
Rhône et envahissait la Provence, Hugues devait se remettre au
pouvoir de Raymond Bérenger. Papon, *Pr.*, LIX.

un nouveau traité qui associa pour cinq ans la ville de Tarascon à la cause de Raymond VII : une ligue offensive et défensive fut conclue contre tous les ennemis du comte de Toulouse dans les terres d'Empire, à l'exception de l'Eglise romaine, de l'Empereur, du roi de France et de la ville d'Arles, que les Tarasconnais ne voulaient pas combattre (¹).

A ce moment, pour marquer publiquement sa faveur à Raymond Bérenger, l'Empereur annulait de nouveau, par un diplôme de mars 1232, toutes les concessions que le comte de Provence avait pu faire pendant sa minorité à la ville de Marseille ou aux autres communes, au détriment des droits qu'il tenait de l'Empire (²) ; il enjoignait par un autre acte aux seigneurs et aux communes du comté de Provence de s'abstenir de toute conspiration ou rebellion contre le comte, sous peine de la confiscation de leurs biens (³). Un peu plus tard, en mai 1232, il sanctionnait une sentence rendue par l'évêque de Marseille au profit du comte Raymond Bérenger contre les syndics de la cité vicomtale.

X

Cependant, le comte de Toulouse, bien plus que l'Empereur, ne cessait de réclamer la possession du marquisat de

---

(¹) 17 août 1231. Teulet, II, 216, nº 2148.
(²) Winkelmann, *Acta*, I, 228.
(³) Pertz, *Leges*, IV, 289 ; Huilhard-Bréholles, IV, 309.

Provence. Réconcilié depuis 1229 avec le roi de France, il pouvait s'appuyer vis-à-vis du Saint-Siège sur le crédit du roi Louis IX. Au commencement de 1232, une démarche fut faite auprès de Grégoire IX, cette fois par Blanche de Castille, pour déterminer le Pape à restituer le marquisat à Raymond ([1]). Par un singulier effet des combinaisons politiques, tandis que l'Empereur, encore favorable au comte de Provence et peu sympathique au comte de Toulouse, semblait oublier l'occupation des terres d'Empire, c'était le roi de France qui les revendiquait pour leur ancien maître ([2]). Le Pape ne se décida point à donner satisfaction immédiate au comte de Toulouse; il lui fit seulement savoir, ainsi qu'à saint Louis et à la régente, qu'il avait chargé son légat, l'évêque de Tournay, de prendre sur cette question l'avis des prélats de la région.

Battu sur le terrain de la diplomatie, le comte de Toulouse se prépara à en appeler à la force. Mais comme, au printemps de 1232, il se dispose à franchir le Rhône à Beaucaire, voici que le délégué du Siège apostolique, accompagné des évêques de Nîmes, d'Uzès, d'Orange, d'Avignon, de Carpentras et de Marseille, se présente à lui pour lui interdire d'aller plus avant, sous peine d'excommunication. Raymond n'en tient aucun compte et occupe Tarascon, au mépris de la paix qu'il a jurée. Bientôt il fait des progrès sur la terre de son rival, brûle les moissons, détruit les villages et ruine le

---

([1]) Pertz, *Leges*, IV, 380; Huilhard-Bréholles, IV, 309.
([2]) 4 mars 1232, Potthast, n°s 8888-8890 : lettres au Roi, à Blanche de Castille et à Raymond de Toulouse.

pays ([1]). En vain, les prélats patientent pendant quarante jours : Raymond ne renonce pas à l'exécution de ses desseins ; aussi le 4 août 1232 est-il solennellement frappé d'une sentence d'excommunication. Malgré les efforts du Pape et de l'Empereur, la guerre recommençait en Provence, plus rude et plus sanglante que jamais ; ni l'archevêque d'Arles au nom de l'Empereur, ni le légat au nom de l'Eglise, n'avaient réussi à rétablir une paix durable. Ce fut le moment que choisit Frédéric II pour envoyer dans le royaume d'Arles un ambassadeur laïque, pris sans doute dans le groupe d'habiles politiques qui l'entouraient. Cette résolution n'était pas pour plaire à l'archevêque d'Arles qui, jusqu'alors, avait été chargé de représenter l'Empereur ; mais la mort de Hugues Béroard, survenue en novembre 1232, prévint les difficultés qui n'auraient pas manqué d'entraver la mission du délégué.

Le nouvel ambassadeur, italien d'origine, s'appelait Caille de Gurzan. Sa mission était déterminée par des lettres impériales du 19 septembre 1232 ([2]). C'était l'époque où une de ces révoltes, si fréquentes au moyen âge, avait chassé de Rome le Pape et la Cour pontificale. Frédéric comptait prendre les armes pour rétablir le Saint-Siège dans ses droits et attester ainsi du même coup sa foi catholique et sa toute-puissance en Italie ; il avait

---

([1]) Papon, II, *Preuves*, LXIII.

([2]) Barthélemy, n° 244. — Nous retrouvons, en 1235, Caille de Gurzan chargé de négocier, pour le comte Amédée de Savoie, un accord avec l'évêque de Turin. Alors encore Caille est au service des partisans de l'Empereur. Wurstemberger, *Peter II von Savoyen, Urkunden*, n° 103.

besoin, pour cette lutte, des contingents du royaume d'Arles. Une lettre adressée par lui, en novembre 1232, à tous les seigneurs ecclésiastiques et laïques du royaume de Bourgogne, ne laissait aucun doute sur les intentions du maître. Frédéric s'y exprimait en ces termes : « Depuis très longtemps vous n'avez accompli aucun service pour nous ni pour l'Empire. Sans doute nous n'avons pas le droit de vous en faire un reproche, car aucun service ne vous a été demandé. Toutefois, attendu que certaines circonstances se présentent, qui réclament à la fois votre conseil et votre secours, nous vous citons en vertu de notre autorité impériale, et vous enjoignons, sous les peines portées aux constitutions royales, de venir à nous au prochain mois de mai, avec une suite convenable d'hommes armés. A ce sujet, nous vous envoyons notre féal Caille de Gurzan, porteur des présentes, vous invitant et vous commandant étroitement, au nom de la fidélité que vous devez à nous et à l'Empire, de lui donner un concours dévoué et efficace en ce qui concerne le service dont vous êtes tenu envers nous » (1).

Ainsi, mettre fin aux guerres intestines et entraîner prélats et barons au service de l'Empereur, telles étaient les instructions du nouvel ambassadeur (2). Du côté du

---

(1) *Regesta*, n° 2007. — Huilhard-Bréholles, IV, 403. — Pertz, *Leges*, IV, 298. Cf. Pertz, *Archiv.*, VII, 29.

(2) « Missus in regno Burgundie pro requirendo ab archiepiscopis, episcopis, principibus, baronibus, ceterisque nobilibus in dicto regno constitutis ut se accingerent ad subsidium dicti Imperatoris. ..... Missus pariter ab eodem Imperatore pro sedandis guerris et

comte de Provence et de la ville d'Arles, toute tentative de pacification devait être accueillie avec joie ; mais on pouvait craindre que la coalition toulousaine ne fût plus difficile à déterminer à la paix. Cependant, dès le printemps de l'année 1233, Caille avait obtenu un important résultat : par divers actes datés des mois de mars et d'avril, les principaux coalisés s'étaient engagés à s'en rapporter, sur les points litigieux, à la volonté de l'Empereur ou du nonce impérial, à obéir aux citations qui leur seraient adressées et à donner des sûretés pour l'exécution des obligations qu'ils assumaient ainsi envers l'Empereur. Telle fut la promesse que firent, le 23 mars, les princes de Baux et Giraud Amic ([1]) ; le 29 mars, Guillaume de Sabran, comte de Forcalquier ; le 24 avril, le comte Raymond VII de Toulouse ([2]). Au mois de mars, les Marseillais avaient, eux aussi, fait leur soumission, et les habitants de Tarascon n'avaient point tardé à reconnaître l'autorité de l'envoyé de l'Empereur ([3]).

Cependant, la négociation fut traversée par plus d'un obstacle. En mai, après que les élections eurent modifié la composition du conseil de la cité vicomtale, les Mar-

---

discordiis in Provincia inter nobiles viros comitem Tolosanum, Willelmum comitem Forcalcarii, omnes Baucienses, inferiorem villam Massilie et Tarasconenses ab una parte, et comitem Provincia et civitatem Arelatensem ex alterâ..... » Winkelmann, *Acta*, I, n° 631. — Cf. Papon, *Preuves*, LX.

([1]) Papon, II, *Preuves*, LXV. — Barthélemy, *Inventaire des chartes de la maison de Baux*, n° 245.

([2]) Papon, LXVI et LXVII.

([3]) Barthélemy, n° 246.

seillais témoignèrent de dispositions très différentes de celles dont ils avaient fait preuve deux mois plus tôt. Au contraire de leurs confédérés, ils ne voulaient pas livrer les ôtages qui devaient garantir la loyauté de leurs désirs pacifiques ; il fallut, pour atteindre ce résultat, que le nonce impérial les menaçât de les mettre encore une fois au ban de l'Empire ([1]). En outre, Hugues de Baux et son fils Gilbert étaient toujours captifs du comte de Provence. La combinaison imaginée jadis pour les mettre en liberté n'avait pas abouti ; une convention spéciale, qui fut passée le 14 mai 1233, détermina leur rançon ([2]).

Ces préliminaires une fois réglés, Caille put se consacrer à la négociation principale ; mais il n'arriva pas à établir une paix définitive : tout ce qu'il obtint, ce fut une trêve conclue pour un an à compter de la fête de Saint-Michel ([3]). Les adversaires promettaient de profiter de ce répit pour se présenter, lors des fêtes de Pâques, à la Cour de l'Empereur partout où elle se tiendrait. Là se poursuivraient les négociations relatives à la paix.

L'issue de la légation de Caille était évidemment un succès pour la diplomatie impériale : pour quelque temps, l'Empereur avait rétabli la paix en Provence ; sa suzeraineté avait été reconnue de tous. Un nouveau fait en

---

([1]) Papon, II, *Preuves*, LXX. — Barthélemy, nᵒˢ 249 et 250. — Cf. Winkelmann, nᵘ 632 : acte du 27 juillet, par lequel Marseille se soumet.

([2]) Barthélemy, nᵒ 248.

([3]) A Aix, le 18 septembre 1233. Winkelmann, *Acta*, nᵒˢ 633 et 634.

donna bientôt une preuve éclatante. Quand, l'année suivante, fut conclu le mariage de Marguerite, fille de Raymond Bérenger, avec le jeune roi Louis IX, le comte de
Provence fut obligé d'engager son château de Tarascon
en sûreté du payement de la dot de sa fille ; alors il promit
au Roi d'obtenir de Frédéric II des lettres patentes par
lesquelles, en vertu de sa suzeraineté, l'Empereur autori-
sait cette mise en gage (¹). Ainsi, sans l'intervention de
l'Empereur, l'acte n'eût pas été tenu pour valable. A ce
moment, on le voit, se vérifiait en fait ce titre de roi
d'Arles que, pour la première fois, l'Empereur avait
pris officiellement, en 1231, dans le prologue des
Constitutions de Melfi (²).

Cependant, l'influence française, portée si haut dans
le royaume d'Arles par la campagne de 1226 et le traité
de 1229, ne tarda pas à se faire sentir. On apprit, à
la fin de l'année 1233, le mariage qui devait bientôt unir
intimement la Provence au royaume de France. Aussitôt
les belligérants du Midi ne s'inquiètent plus de la médiation de l'Empereur, qu'ils s'étaient cependant engagés à
solliciter aux fêtes de Pâques de l'année 1234. Dès le
13 février, c'est vers Blanche de Castille et Louis IX que
se tourne le comte de Provence : il se soumet à leur ar-

(¹) Teulet, II, 656.

(²) En janvier 1231, Frédéric énumérant dans une lettre à Grégoire IX les prélats et les seigneurs qui garantiront la paix entre
l'Eglise et l'Empereur, y cite le comte de Savoie et le Dauphin.
Aucun évêque du royaume d'Arles n'y est nommé dans cette liste.
Pertz, *Epistolæ*, n° 424.

bitrage et accepte à l'avance leur décision (¹). En mars,
le comte de Toulouse fait la même déclaration (²) ;
d'un commun accord, l'arbitrage du roi de France est
substitué au jugement souverain de l'Empereur.

Il est difficile de dire de quel œil la Cour impériale en-
visagea cette évolution, évidemment peu favorable au
prestige de l'Empire dans le midi de la France. Toutefois,
Frédéric II était en bons termes avec le gouvernement
royal ; aussi ne paraît-il avoir donné aucune marque exté-
rieure de son mécontentement (³). L'incident prouvait
seulement que l'autorité impériale n'était encore que fai-
blement enracinée dans le royaume d'Arles, et qu'au jour
où ils le voudraient sérieusement, les rois de France en
auraient facilement raison. A la vérité, ce danger n'était
guère à craindre du vivant de Louis IX : la délicatesse de
conscience du jeune roi devait suffire à rassurer Frédéric II.

La mission de Caille de Gurzan ne se bornait pas à rétablir la paix. On sait qu'il avait convoqué à l'armée
impériale les prélats et barons de Provence ; le terme
indiqué par l'édit de l'Empereur était le 1ᵉʳ mai 1233.
Rien ne nous prouve que les seigneurs du Midi aient, en

(¹) Teulet, II, 260, n° 2270.
(²) Teulet, II, 261, n° 2275.
(³) C'est seulement l'année suivante (en 1235), que Frédéric, par
son mariage avec Isabelle d'Angleterre, indiqua une politique qui
ne pouvait manquer d'être désagréable à saint Louis. D'ailleurs, il
prit soin de s'en excuser ; il avait sans doute voulu donner, par ce
mariage, une satisfaction aux pays Rhénans, partisans de l'alliance
anglaise.

quelque façon, tenu compte des ordres de leur souverain. Sans doute, vers la fin de l'année suivante, Raymond VII prend une part à la campagne dirigée par la Cour pontificale et Frédéric contre les Romains révoltés ; les Etats du comte de Toulouse avaient fourni un contingent qui s'était réuni au corps d'armée envoyé par l'Empereur. Mais si Raymond semble accomplir en cette circonstance ses devoirs de vassal de l'Empire, il est vraisemblable que d'autres motifs, moins platoniques et plus intéressés, l'avaient décidé à se joindre aux troupes impériales. Matthieu Paris dit que Raymond VII ne se rendit à l'armée d'Italie que pour rentrer en faveur [1]. S'agit-il de la faveur du Pape ou de celle de l'Empereur? Peut-être des bonnes grâces de tous deux, car Raymond VII avait beaucoup à se faire pardonner de l'Eglise ; et d'autre part Frédéric était bien en droit de tenir rigueur au fidèle allié de la commune de Marseille.

L'attitude du comte de Toulouse produisit le résultat attendu. Dès le commencement de cette année 1234, Grégoire IX avait écrit à son légat Jean de Bernin, archevêque de Vienne, et aux évêques de Provence de ne point se montrer trop sévères pour Raymond VII [2] ; fidèle aux exemples d'Innocent III, le Pape cherchait à maintenir l'action de l'Eglise à l'abri de l'influence des haines politiques et des passions locales. Mais s'il se rapprochait du Pape, Raymond obtenait en même temps de l'Empereur une faveur qui dut singulièrement déplaire au Saint-

---

[1] « Exercitus summi Pontificis, cui præerat comes Tolosanus, quærens gratiam. » Matthieu Paris, *Chronica majora*, III, 304.

[2] Potthast, n° 9365.

Siège : un diplôme du mois de septembre 1234, rendu
à Montefiascone, concède en fief au comte de Toulouse,
les terres d'Empire qui avaient jadis appartenu à la maison de Saint-Gilles (¹) et que l'Eglise détenait depuis
huit ans.

XI

Ainsi, Frédéric se montrait décidément favorable au
but que poursuivait Raymond VII : se faire restituer les
domaines situés sur la rive gauche du Rhône. Or, à ce
même moment, le roi de France suivait une politique
conforme aux vœux du comte de Toulouse. Saint Louis
tenait sans doute à l'exécution du traité de 1229, tandis que
Raymond n'accomplissait qu'à contre-cœur les clauses de
ce traité, qui marquait la ruine de l'antique race des comtes
de Toulouse. Mais pourvu que les grandes lignes de cet
arrangement, si favorable à la France, fussent respectées,
saint Louis était trop modéré et trop généreux pour
n'adoucir point le sort du dernier représentant de la maison de Saint-Gilles. L'amener à accepter la situation, à
se résigner aux conséquences du traité de Paris, à ne pas
chercher à relever sa famille par de folles entreprises,
telles devaient être les dispositions du saint Roi. Aussi
la restitution du Venaissin répondait à ses désirs. Ajoutez

(¹) Teulet, II, 270, n° 2309. — Huilhard-Bréholles, IV, 485. —
Regesta, n° 2037.

que les domaines de Raymond étaient destinés à devenir
l'héritage d'Alfonse, frère du roi de France, et qu'il
était important pour la politique française de conserver
ces domaines dans leur intégrité.

Au mois de mars 1234, Louis IX déclara au Pape qu'il
ne consentirait plus désormais à faire garder par ses officiers la terre d'Empire située de l'autre côté du Rhône;
il demandait très clairement que cette terre fût rendue à
son ancien seigneur [1]; mais Grégoire IX opposa encore
à cette demande des moyens dilatoires [2]. Les historiens
ont recherché la cause des hésitations du Pontife; je
pense que Grégoire IX désirait anéantir l'hérésie dans le
marquisat avant de le rendre à son ancien possesseur;
or, il s'en fallait de beaucoup, à cette époque, que l'hérésie eût disparu de la Provence. Toutefois, comme
l'Empereur et le roi de France revinrent à la charge,
Grégoire jugea impossible de s'obstiner dans une résistance absolue à leurs demandes. Au commencement de
l'année 1235, voici les instructions qu'il adressait à l'un
de ses plus utiles agents, Pierre de Colmieu, qui était à
la fois chapelain du Pape et prévôt du chapitre de Saint-
Omer: Pierre ne devra négliger aucun effort pour décider
Louis IX et sa mère à laisser au sénéchal de Beaucaire
la garde du Venaissin, qu'il avait reçue de l'Eglise. Pour
faire agréer ce parti, il exposera au Roi les prétentions
contradictoires élevées par divers seigneurs ecclésiastiques ou laïques sur les terres du Venaissin et les dangers

---

[1] Pertz, *Epistolæ sæculi XIII e Regestis Pontificum Romanorum
selectæ*, I, nᵒˢ 576 et 577.

[2] Potthast, nᵒ 9367.

dont à l'heure présente un changement de régime serait
l'occasion. Que si le Roi se montre inflexible dans ses
résolutions, il faudra bien, au terme des conventions de
1229, que l'Eglise reprenne cet importun dépôt ; en pareil cas le représentant du Saint-Siège consultera les
prélats de la région pour savoir à qui remettre les terres
ainsi abandonnées par Louis IX ([1]). On voit qu'il n'était
pas question de les confier à l'Empereur ; quant à Raymond VII, toujours considéré par les prélats comme un
adversaire, le Pape ne s'aventurait pas à prononcer son
nom.

Il ne faut pas s'étonner de constater ici une différence
entre la ligne de conduite du Pape et celle du Roi. Grégoire IX n'avait pas, comme saint Louis, des raisons
particulières de s'intéresser à Raymond VII ; il s'en
tenait purement et simplement à l'exécution du traité
de Paris, qui annihilait l'influence des Saint-Gilles. C'est
pourquoi, au même moment, le Pape s'emploie à faire
exécuter une autre clause de ce traité, celle qui stipulait
le mariage de l'héritière du comte de Toulouse avec
le frère de saint Louis, Alfonse de Poitiers : ce mariage
devait porter un coup fatal aux projets chimériques que
nourrissait le comte. On sait que des hésitations, vrai-
semblablement imputables à Raymond VII, en retar-
dèrent la conclusion jusqu'en 1236 ([2]).

([1]) Pertz, *Epistolæ* ....., nos 624, 625, 626 (13 et 14 février
1235).

([2]) « Cum... jam sponsalia sint contracta, eumdem Regem, ut
matrimonium inter eos celebrari procuret, attentius moneas et in-
ducas. » Pertz, *Epistolæ*, n° 624. Cf. Teulet, II, 317. A cette

Quelles que fussent les dispositions de l'Eglise Romaine, il était évident pour tous que le Venaissin, abandonné par les officiers royaux, devait fatalement faire retour au comte de Toulouse. Après la retraite du roi de France, les représentants du Saint-Siège n'auraient pu trouver aucun seigneur assez puissant pour détenir les terres d'Empire à l'encontre des volontés de l'Empereur et des sympathies du Roi. En particulier, il ne fallait pas songer à Raymond Bérenger, que l'influence française eût suffi à détourner d'accepter une semblable mission. Pierre de Colmieu n'eut d'autre ressource que de confier la garde du marquisat à l'évêque de Carpentras [1] et de prononcer à l'avance contre les envahisseurs les censures les plus rigoureuses.

Vers ce temps (à la fin de 1235), après que l'empereur Frédéric, au faîte de son pouvoir, eut tenu pour l'Allemagne la célèbre diète de Mayence, il vint passer l'hiver à Haguenau où le rencontrèrent les principaux seigneurs du royaume d'Arles ; on vit à ses côtés le comte de Toulouse et le comte de Provence, et aussi le comte Adémar de Valentinois et l'évêque de Viviers. Il n'y avait plus guère que les villes lombardes pour résister à Frédéric ; mais on pouvait pressentir que la guerre lombarde serait l'occasion d'une rupture définitive de l'Empereur avec la Papauté. Frédéric était trop avisé pour ne pas prévoir

---

époque, le comte de Toulouse n'avait pas perdu l'espoir de se donner des héritiers mâles par un second mariage ; il essayerait alors d'éluder l'exécution du traité.

[1] Cette mission de l'évêque de Carpentras nous est prouvée par une bulle de 1243, dans Berger, *Registres d'Innocent IV*, n° 664.

la lutte décisive à laquelle le conduisait sa politique en Italie; il lui fallait maintenant se faire des alliés contre le Pape et ses partisans de Lombardie. Cette tendance se fait jour déjà dans la répartition des faveurs qu'il adresse aux seigneurs du Midi venus à sa Cour.

La guerre s'était rallumée entre le comte de Provence, d'une part, et, d'autre part, Marseille et le comte de Toulouse; Raymond Bérenger était acquis à la cause de l'Eglise; aussi l'Empereur n'hésita pas à jeter tout le poids de son influence du côté de Raymond VII, l'ancien ennemi du clergé. Tandis que le comte de Provence n'obtient que le vain honneur d'être armé chevalier par Frédéric II [1], l'Empereur renouvelle en faveur de son rival l'inféodation du marquisat et lui concède en outre la suzeraineté sur les seigneurs de Lisle en Provence, sur la ville de Carpentras et sur un certain nombre de châteaux du Venaissin [2]. En même temps, comme pour mieux marquer ses tendances hostiles à l'Eglise, en dépit de sept actes rendus soit par lui-même, soit par son prédécesseur, il déclare nulle l'aliénation de Pertuis, consentie jadis au profit de l'abbaye de Montmajour, et ordonne la restitution de cette ville à Guillaume de Sabran [3].

---

[1] Huilhard-Bréholles, V, 406. — *Annales Colonienses Maximi,* Pertz, XVII, 844.

[2] Huilhard-Bréholles, IV, 709. — Teulet, II, 300. — Vaissette, VIII, 979, ccxiv.

[3] Winkelmann, *Acta,* I, n° 337. *Regesta,* n° 2130. — Cet acte était en contradiction avec de nombreux actes impériaux. Voir plus haut, page 286. On peut cependant citer, à cette époque, un diplôme favorable à l'Eglise de Viviers. — Vaissette, VIII, 989, ccxvii.

Raymond VII n'était pas homme à ne point tirer parti
de la faveur impériale. Encouragé par les diplômes d'inféodation qu'il avait reçus de Frédéric II et peut-être
aussi confiant dans la sympathie du Gouvernement français, il s'empara de force du marquisat de Provence. Les
troupes qui accomplirent cette opération furent dirigées
par Barral de Baux, son allié et son sénéchal en Venaissin ; Barral était secondé par un gibelin italien, Torello
de Strada, serviteur dévoué de l'Empereur et son nonce
dans le royaume d'Arles ([1]). En présence de cette agression, l'Eglise ne manqua pas de se défendre par les armes
spirituelles : le 3 janvier 1236, au moment même où Raymond VII se trouvait à Haguenau, Jean de Bernin, archevêque de Vienne et légat du Saint-Siège, assisté de nombreux évêques de Provence et du Languedoc, frappa
d'excommunication les deux chefs de l'expédition ; les
lieux qu'ils détenaient devaient être soumis à l'interdit ([2]). Peut-être eût-il été juste de diriger les coups sur

---

([1]) Podestat d'Arles en 1221-1222 ; podestat de Florence en
1233 ; podestat d'Avignon en 1237. Huillard-Bréholles, *Introduction*, p. cclxiv ; Perrens, *Histoire de Florence*, I, 283.
La qualité de nonce impérial qu'avait Torello de Strada est
prouvée par une bulle d'Innocent IV, du 30 avril 1244. Ainsi est-il
démontré que l'Empereur avait joint son action à celle de Raymond VII. — Berger, *Registres d'Innocent IV*, n° 664.
([2]) Papon, II, *Preuves*, lxxiv. « Quoniam Taurellus de Strada
civis Papiensis et B. de Baucio terram Venaissini, quam sancta Romana Ecclesia tenebat, detinent injuste per violentiam occupatam
contra sententiam excommunicationis apud Montilium, Valentinensis
diocesis, a magistro Petro de Collemedio latam authoritate domini
Papae in invasores terra praedictæ ; et quod castrum de Mornantio
dictus Bartholomeus tenet obsessum et monitus non vult recedere
ab obsidione castri...... »

des personnages plus élevés ; mais, depuis six mois déjà, Raymond VII était engagé dans les liens d'une nouvelle excommunication (¹). Bientôt, d'ailleurs, par une bulle datée de Viterbe (28 avril 1236), Grégoire IX ordonne à l'archevêque de Vienne de sommer le comte de Toulouse de partir pour la Terre-Sainte, ainsi qu'il s'y est obligé ; s'il diffère encore d'accomplir ce devoir, le comte est menacé des plus redoutables sentences (²).

Malgré les censures de l'Eglise, les efforts de Raymond VII avaient été couronnés de succès. Par la force des armes et grâce à l'appui de l'Empereur, il s'étai rendu maître de la rive gauche du Rhône (³) ; les nombreux actes qui nous ont été conservés attestent que pendant les années qui suivirent, il y exerça librement son pouvoir (⁴). L'Empereur avait visiblement pris parti pour l'un des belligérants ; de son côté, Louis IX jugea le moment favorable pour offrir de nouveau sa médiation (⁵). Tout ce que put obtenir son ambassadeur, Pierre de Rossay, ce fut une trève de la Trinité au 8 novembre 1236 ; en cas d'infraction à cette trève, les deux partis avaient accepté à l'avance comme arbitres l'Empereur et le roi de France. Cette tentative de pacification ne produisit aucun résultat ; à l'expiration de la trève, les hos-

---

(¹) 3 août 1235, Potthast, nᵒ 9982.

(²) Teulet, II, 314, nᵒ 2445.

(³) L'évêque de Carpentras, chargé de le défendre, se serait mal acquitté de sa mission. Une procédure fut ouverte contre lui à la Cour de Rome. — Berger, *Registre d'Innocent IV*, nᵒ 664.

(⁴) Vaissette, VIII, 1008, ccxxii ; 1026, ccxxvi ; 1027, ccxvii, etc. — Teulet, II, 381 à 387. — Barthélemy, nᵒˢ 265 et suiv.

(⁵) Avril et mai 1236. — Papon, *Preuves*, lxxv. Winkelmann, *Acta*, I, nᵒ 645.

tilités recommencèrent de plus belle en Provence ([1]) :
Marseille resserra son alliance avec le comte de Toulouse qui, de son côté, persécuta le clergé dans ses domaines, fit expulser l'évêque de Vaison par un de ses
officiers, et pour subvenir aux frais de la guerre, rétablit
dans le Venaissin ces péages et ces taxes sur le sel contre
lesquels avaient si souvent protesté et protestaient encore
les papes et les conciles ([2]). L'archevêque de Vienne,
dont les doléances répétées n'étaient point écoutées de
Raymond VII, adressa ses plaintes à Grégoire IX, qui
sollicita immédiatement l'appui du roi de France contre
son vassal ([3]). En même temps, il envoyait une sévère ré-
primande au comte de Toulouse ([4]); il l'invitait une fois
de plus à se rendre en Terre-Sainte, comme il l'avait autrefois promis. L'action de la Papauté ne fut pas inutile ;
la guerre cessa pour quelque temps entre les deux
comtes ; vis-à-vis du Pape, Raymond VII témoigna d'un
repentir auquel, à bon droit, l'archevêque de Vienne
semble avoir ajouté fort peu de confiance ([5]).

([1]) C'est sans doute la guerre dont il est question dans Matthieu
Paris et qui rappela en hâte, dans le Midi, Raymond Bérenger, qui
avait quitté la Provence pour un voyage en France et en Angleterre. On se rappelle que deux de ses filles étaient reines de France
et d'Angleterre. Matth. Paris, *Chronica majora*, III, 443.

([2]) Conc. d'Arles (1234), c. 22. — Cf. Concile de 1236.

([3]) Teulet, II, 339, n° 2514. — L'un des griefs du Pape était que
Raymond VII avait cessé de payer les maîtres de l'Université de
Toulouse, contrairement au traité de 1229. Cf. Pertz, *Epistolæ*,
n° 706.

([4]) Mai 1237. — Teulet, II, 339, n° 2514. — Pertz, *Epistolæ*,
n° 706. — Cf. Potthast, n°ˢ 10357 et 10361.

([5]) 28 juillet 1237 — Grégoire IX engage son légat Jean de Bernin,
archevêque de Vienne, à ne point entraver l'envoi des ambassadeurs
que Raymond VII veut envoyer à Rome. — Teulet, II, 350, n° 2565

XII

La situation n'était point faite pour rendre la sécurité aux prélats du royaume d'Arles. Désormais ils ont en face d'eux des adversaires redoutables : Raymond VII, dont les conversions répétées sont d'une sincérité douteuse, et l'Empereur, qui a rompu son alliance avec le haut clergé et qui veut combattre sur tous les points de l'Europe les influences sympathiques au Pape et à ses protégés les Lombards. Pour résister à ces forces, les évêques comptaient à bon droit sur les ressources de leur fidèle allié Raymond Bérenger ; du roi de France ils ne pouvaient guère attendre qu'une neutralité sympathique. On sait en effet que les nombreux partisans de Frédéric dans le baronnage français imposaient à Louis IX une attitude pleine de réserve ; joignez à cela l'esprit scrupuleux du saint Roi et l'amitié traditionnelle qui liait les Capétiens aux Staufen. Aussi l'Empereur pourra librement unir ses efforts à ceux des seigneurs et des bourgeois qui combattront le clergé dans le royaume d'Arles.

Le choix de ses agents décèle sa nouvelle politique. Autrefois, quand il voulait exercer son action dans le royaume, il confiait à un prélat, tel que l'archevêque d'Arles, l'exécution de ses volontés. Plus récemment, on l'a vu choisir des représentants laïques parmi les fonctionnaires ou les chefs des gibelins d'Italie. Désormais c'est la règle dont l'Empereur ne s'écartera plus : il enverra dans le royaume d'Arles des vicaires qui plus

5

d'une fois feront sentir au clergé tout le poids de leur autorité.

Le premier qui ait porté ce titre de vicaire, Henri de Revello, apparaît à l'occasion des troubles qui avaient éclaté dans la ville d'Arles. Dans cette ville, autrefois si fidèle à l'Eglise, des événements graves s'étaient produits ; il convient de revenir en arrière pour les exposer rapidement.

On a vu plus haut comment, pendant les premières années de la lutte entre les deux comtes, les Arlésiens avaient résolument soutenu le comte de Provence contre le comte de Toulouse et ses alliés ; mais l'influence de l'Eglise qui dominait à Arles fut bientôt battue en brèche par un parti puissant, encouragé sans doute en secret par Raymond VII et les seigneurs qui, dans le royaume d'Arles, étaient animés de sentiments hostiles au clergé (¹). Dès 1234, en dépit des prescriptions du Concile provincial tenu en juillet sous la présidence de l'archevêque Jean Baussan (²), l'opposition se manifeste sous la forme d'associations illicites qui portaient le nom de confréries ; bientôt leurs chefs se rendent maîtres de la cité. Aux excommunications, les révoltés répondent par une de ces interdictions de l'eau et du feu si fréquemment employées contre les clercs à cette époque du moyen âge : il est défendu de vendre des aliments aux membres du clergé ; l'usage des moulins, des fours pu-

---

(¹) Déjà en 1233, le podestat d'Arles est Supramonte Lupo, gibelin italien, qui, en 1238, fut vicaire de l'Empereur dans le royaume d'Arles. — Sternfeld, 112.

(²) Conc. d'Arles (1234), c. 9.

blics et des fontaines leur est refusé ([1]). Aussi les clercs
sont-ils réduits à quitter la ville rebelle : l'archevêque
Jean Baussan, dont le palais est occupé par ses ennemis,
a grand'peine à se réfugier à Salon, château appartenant à
son Eglise. Arles demeure aux mains des adversaires du
clergé ; le culte y est suspendu, les sacrements n'y sont
plus administrés, et, comme il n'y a plus de curés,
quelques-uns s'enhardissent jusqu'à contracter mariage
en présence des laïques, au mépris des prohibitions for-
melles de l'Eglise([2]). Ce n'était là qu'un épisode de la lutte
violente que, sur plus d'un point de l'Europe, se livraient
alors les défenseurs de l'Eglise et ses ennemis : on sait
qu'en cette même année 1235, une assemblée de barons
français, réunis à Saint-Denis, avait formulé de longs
griefs contre la juridiction ecclésiastique, et avait affiché
l'intention de répondre à l'excommunication par la saisie
du temporel ([3]).

Il était permis de craindre que, suivant l'exemple de
Marseille, le parti qui s'était emparé du pouvoir à Arles
ne remît la ville à la protection de Raymond VII, l'allié
naturel et le principal espoir des adversaires du clergé.
Aussi, bien que les anathèmes contre les confréries
aient été renouvelés dans un concile de 1236, il semble
que l'archevêque n'ait pas tardé à chercher un rappro-
chement : une transaction, intervenue en 1236, tout
en sauvegardant les apparences extérieures du pou-

([1]) Anibert, *Mémoires historiques et critiques sur l'ancienne
République d'Arles* (Yverdon, 1781, 3 vol. in-12), III, 87 et suiv.

([2]) « Plures ceperunt uxores, contrà expressam prohibitionem
Ecclesie, per manus laycorum. »

([3]) Raynaldi, 1235, § 32-36.

voir ecclésiastique, ne laisse pas que de conférer des avantages importants au parti représenté par les chefs de la confrérie ([1]). Mais en février 1237, un mouvement de réaction s'accentue dans la ville; les électeurs chargent douze personnes adjointes aux consuls d'empêcher « que l'on traite de transporter la seigneurie et juridiction de la cité et du bourg d'Arles sous une domination étrangère et de l'arracher, en total ou en partie, à l'archevêque et aux citoyens nobles et bourgeois » ([2]). Le parti de l'Eglise se relevait à Arles; mais il avait encore affaire à des adversaires redoutables.

C'est à propos de ces luttes que l'histoire rencontre d'abord, au cours de l'année 1237, le vicaire impérial, Henri de Revello. Une lettre qui lui est adressée par Grégoire IX, le 8 août 1237, prouve péremptoirement qu'à cette date Henri représentait l'Empereur dans le sud de la France, et que, dans les troubles d'Arles, il avait pris fait et cause pour les adversaires de l'Eglise : en cela, d'ailleurs, il ne faisait que se conformer à la politique générale de Frédéric II. Le Pape lui reproche de s'associer, pour persécuter l'archevêque, à des hommes qui ne respectent point Dieu; en même temps il invite les bourgeois d'Arles et le comte de Provence à venir en aide à Jean Baussan ([3]).

Ainsi, l'Empereur est maintenant, non plus le protecteur des évêques, mais l'allié des adversaires de l'Eglise, de Raymond VII et de ses partisans. Remarquez qu'au

---

([1]) Anibert, 93.
([2]) Anibert, 95.
([3]) Pertz, *Epistolæ*, n° 710. — Huilhard-Bréholles, V, 108.

début de son règne il avait cherché ses amis dans les rangs du haut clergé : ainsi l'évolution de sa politique est complète, et désormais le midi de la France se trouve associé aux vicissitudes de la lutte grandiose qui se livre entre la Papauté et l'Empire ; les faits qui s'y produisent n'en sont que des incidents.

XIII

La victoire de Frédéric à Cortenuova, où l'armée lombarde fut entièrement défaite, n'était pas pour décourager les partisans de l'Empereur dans le royaume d'Arles. Au commencement de 1238, tandis que Raymond VII détenait encore, en dépit des protestations du Pape, des biens appartenant à l'Eglise d'Arles, par exemple le château de Mornas ([1]), ses amis les habitants d'Avignon se mettaient entre les mains de l'Empereur auquel ils confiaient le soin de choisir leur podestat ([2]). Henri de Revello les avait déterminés à cette résolution, assez inutile d'ailleurs si l'on songe que l'année précédente ils avaient élu un gibelin éprouvé, Torello de Strada ; il était certain qu'au moins dans l'état actuel des

([1]) Teulet, II, 362, n° 2610 Bulle de Grégoire IX, 28 janvier.

([2]) Huilhard-Bréholles, V, 159 et 160. Peut-être la majorité d'alors ne renonçait-elle à son droit d'élire que dans la crainte de voir les électeurs changer d'avis et se porter un jour du côté du Pape et du comte de Provence.

esprits, le pouvoir impérial n'avait nullement à s'inquiéter du choix des Avignonnais. Quoi qu'il en soit, l'Empereur désigna pour cette fonction l'un de ses serviteurs, Génois, que la défection de sa patrie n'avait point ébranlé dans sa loyauté, Percival Doria, qui déjà avait rempli cette charge en 1233 ([1]). Ce fait marque une recrudescence de l'influence impériale ; tous se sentaient encouragés par le désastre qui avait frappé les Lombards ; l'avenir s'annonçait favorable à Frédéric, funeste à ses ennemis.

Dès le mois de février 1238, l'Empereur se rapproche du Piémont; il vient tenir sa cour à Turin et prépare, de concert avec le comte de Savoie ([2]) et les grands du royaume d'Arles, une expédition qui doit définitivement écraser la résistance des villes lombardes. Bon gré mal gré, les seigneurs ecclésiastiques ou laïques affluent auprès de lui, et en échange de leurs hommages et de leur concours, reçoivent la confirmation de leurs privilèges. Déjà en février, Barral de Baux s'était fait recon-

---

([1]) Papon, III, 537.

([2]) *Regesta*, n° 2321 : Diplôme en faveur de l'abbaye de Saint-Claude, où figurent comme témoins le comte de Savoie, les marquis de Montferrat et de Saluces. — Le comte Amédée de Savoie était alors l'allié de l'Empereur, sans doute parce qu'il avait pour adversaires naturels l'évêque de Turin et les guelfes de Piémont, qui résistaient aux envahissements de la maison de Savoie. Les historiens de Savoie prétendent que, lors de son séjour à Turin, en 1238. Frédéric II érigea en duchés les provinces d'Aoste et de Chablais, en faveur de la maison de Savoie. Mais ce fait n'est pas suffisamment établi. Cf. Wurstemberger, *Peter II von Savoyen*, I, 185.

naître le droit de posséder un péage à Trinquetaille ([1]). En mars, arrivèrent à Turin les représentants du jeune Dauphin Guigues VII, et avec eux les deux frères Jean et Aymon de Bernin, archevêques de Vienne et d'Embrun, les évêques de Grenoble et de Gap. Tout d'abord, deux diplômes furent rendus au profit du Dauphin Guigues VII, encore placé sous la tutelle de sa mère Béatrice de Montferrat : l'un confirmait à Béatrice et à son fils un péage en Viennois ([2]) ; l'autre reproduisait les privilèges des Dauphins, jadis reconnus par Barberousse, et déclarait que ces seigneurs relevaient immédiatement de l'Empereur et de ses légats en Bourgogne ([3]).

([1]) Barthélemy, n° 272.

([2]) Valbonnais, *Histoire du Dauphiné*, I, 88. — Huilhard-Bréholles, V, 179. — Cf. *Regesta*, n° 2326.

([3]) Valbonnais, I, 93.— *Regesta*, n° 2327.— Au nombre des témoins figurent l'archevêque de Vienne, les évêques de Grenoble et de Gap. — L'influence impériale l'emporte à ce moment en Dauphiné comme en Savoie ; c'est vers cette époque que furent échangées des promesses de mariage entre le jeune Dauphin et la belle Cécile de Baux, fille de Barral, l'allié du comte de Toulouse et des Impériaux. Guigues ne fut pas fidèle à la cause de l'Empereur : au mépris de ses engagements antérieurs. il se fiançait, en 1240, à Sanche, fille du comte de Provence, la même qui épousa plus tard Richard de Cornouailles ; ainsi la politique du Dauphin oscille du parti de l'Empereur à celui du comte de Provence. D'ailleurs, ni l'un ni l'autre de ces projets de mariage n't boutirent ; Guigues épousa, en 1242, Béatrice, fille de Pierre de Savoie. Quant à Cécile de Baux, elle devint peu après la femme du comte Amédée de Savoie, que ses intérêts retinrent longtemps dans les rangs des partisans de l'Empereur. Voir, sur ces projets de mariage qui indiquent bien les tendances et les oscillations de la politique, Wurstemberger, *Peter II von Savoyen*, I, pp. 127, 184 ; et *Urkunden*, n°ˢ 119 et suiv.

L'Empereur ne refuse pas aux prélats les marques de sa faveur : il leur octroie les chartes qui constatent ou renouvellent les droits de leurs Eglises ([1]). Toutefois, il n'est pas difficile de découvrir dans les diplômes de cette date des intentions fort peu sympathiques au clergé ; par là les actes de l'Empereur diffèrent profondément des chartes de ses prédécesseurs et des diplômes précédemment conférés par lui-même. C'est ainsi qu'il déclare les Dauphins soumis immédiatement à l'Empereur et à ses lieutenants ; sous cette phrase, d'apparence inoffensive, était cachée la négation des droits de suzeraineté de l'archevêque de Vienne, auquel cependant le père du Dauphin actuel avait jadis rendu hommage, et que les Dauphin ses successeurs devaient longtemps respecter, au moins en apparence ([2]). Quand Frédéric investit par le

---

([1]) Voir pour Vienne, Chevalier, *Collection des Cartulaires Dauphinois* (Table de la *Diplomatique de Bourgogne*, pièces annexes, 84 et 85). — Huilhard-Bréholles, V, 1284. — Pour Embrun, *ibid.*, V, 196 ; pour Gap, *ibid.*, V, 193 ; pour Grenoble, *ibid.*, V, 189, et Chevalier, *loc. cit.* — Cf. *Regesta*, nᵒˢ 2328-2333.

([2]) Le 18 avril 1243, le Dauphin Guigues rend hommage à l'archevêque et au chapitre de Vienne, dont il déclare tenir *totum comitatum Vienne*, tout ce qui lui appartient *ab ecclesia S. Vincentii, que est ultrà Voropium, inter duo flumina Ysare et Rodani.... usque ad Furcas de Podio, qui locus dividit Viennensem et Anioiensem dioceses.* En reconnaissance, le Dauphin doit présenter chaque année un cierge de douze livres la veille de Saint Maurice. L'hommage comprend aussi le château de Malval et le château de Saint-Quentin outre Isère. Le père du Dauphin Guigues avait déjà rendu hommage à l'archevêque Burnon. Chevalier, *Statuta Ecclesiæ Viennensis*, 82. Cf. pour un hommage rendu par Humbert Iᵉʳ en 1284, Valbonnais, II, 27.

sceptre l'archevêque de Vienne, Jean de Bernin, il ajoute ces mots, qui ne se retrouvent pas dans les privilèges antérieurs : « Ne vous avisez point de tenter jamais de soustraire ces domaines à l'Empire. » C'est que l'Empereur a de justes raisons de redouter Jean de Bernin, l'énergique légat du Saint-Siège, l'adversaire vigilant du comte de Toulouse. « C'était, dit Salembene, un honnête homme et un personnage saint et lettré, qui aima beaucoup les Franciscains (¹). » Or, on sait que les Frères Mineurs, agents dévoués de la Papauté, étaient naturellement fort mal vus de Frédéric.

Barons et prélats avaient rendu leurs devoirs à leur suzerain ; mais l'Empereur n'était plus, cette fois, disposé à se contenter de vaines formules d'hommages. Déjà en 1232 il avait, à peu près inutilement, appelé sous ses drapeaux les contingents de ces contrées : voici qu'il enjoint de nouveau aux prélats et aux barons de venir à lui avec leurs troupes, afin de l'accompagner en Lombardie : le rendez-vous est donné à Vérone pour le mois de mai. Les documents contemporains nous ont conservé la trace de quelques-unes de ces convocations, le comte de Savoie prit les armes pour l'Empereur ; nous savons aussi que l'évêque Pierre de Grenoble était chargé de conduire les forces de son diocèse : le Dauphin, le comte Guillaume de Genève et les autres diocésains de Pierre en furent avertis par l'Empereur (²).

(¹) « Qui fuit sanctus homo et honesta persona, et ordinem beati Francisci multum dilexit. Nam amore Fratrum Minorum fecit fieri pontem lapideum super Rodanum, eo quod fratribus in territorio suo ad habitandum dederat locum. » Salimbene, éd. de Parme, 98.

(²) Chevalier, *Notice sur le Cartulaire d'Aymon de Chissé*, 69. — *Regesta*, 2334.

Raymond Bérenger, sommé d'envoyer son contingent à l'armée impériale, ne s'exécuta que d'assez mauvaise grâce ; à vrai dire l'état de ses relations avec Frédéric l'explique suffisamment. Le comte de Provence avait commencé par s'excuser, sous le prétexte que la convocation lui était parvenue trop tard pour qu'il lui fût possible de se trouver à Vérone au commencement de mai : l'Empereur, retardant d'un mois la date du rendez-vous, répondit à ces excuses par une lettre assez ironique, où il s'étonne de la lenteur des messagers du comte : il suppose charitablement que le zèle de Raymond pour les intérêts de l'Empire réparera les conséquences fâcheuses de ce retard. Le comte avait demandé quel nombre de soldats l'Empereur attendait de lui ; Frédéric se garda bien de déterminer un chiffre, « pensant, ajoute-t-il, qu'un homme de si grande valeur et d'une foi si excellente, attaché à notre service par une affection spéciale, et porté par les désirs ardents de son cœur à défendre les intérêts de l'Empire....., n'est pas de ceux à qui nous devons fixer les bornes d'une escorte raisonnable.... Votre fidélité, continue l'Empereur, me donne l'assurance que, pour avoir part à la gloire de la campagne qui terminera, cet été, la guerre Lombarde, vous viendrez sans hésiter..., oubliant le malheur des temps... » Il lui cite l'exemple de Pierre de Savoie, son beau-frère (¹), et du marquis de Monferrat qui ont sans balancer mis toutes leurs forces à la disposition de l'Empire. Enfin, il termine par ce trait : « Nous ne voulons pas vous laisser ignorer que nous attendons des secours

---

(¹) Raymond Bérenger avait épousé une fille de Thomas Iᵉʳ, comte de Savoie, mort en 1233.

considérables de nombreux royaumes des diverses parties du monde. Nous tenons en effet à ce que la réputation, de nous bien connue, de la maison de Provence, soit justifiée aux yeux de tous; apparaissez ainsi comme notre favori..., objet de l'admiration universelle, fier de votre personne et de vos titres.... Votre messager, à son retour, pourra vous apprendre l'heureux état de nos entreprises, dont vous ne manquerez pas de vous sentir très heureux » (¹). A cette sommation d'une impertinence raffinée, dont le style sarcastique décèle la main de Frédéric II, Raymond Bérenger crut devoir obéir: il vint avec cent chevaliers au camp impérial et prit part au siège de Brescia (²).

Nulle puissance dans le Midi, ni de l'un ni de l'autre côté des Alpes, ne paraissait capable de résister à la puissance impériale. De tous côtés les troupes affluaient en Lombardie : pour la première fois, cédant aux injonctions du maître et aux efforts du vicaire impérial Spinola, les contingents de Grenoble, d'Embrun, du Valentinois et du Diois (³) s'étonnaient de rencontrer sous les drapeaux de l'Empire les troupes du comté de Savoie

---

(¹) Pertz, *Leges*, IV, 395.

(²) Voir sur ces matières la chronique *de Rebus in Italia gestis* (1154-1284), écrite par un gibelin de Plaisance et publiée par Huilhard-Bréholles, Paris, 1856. (*Anonymorum Placentinorum chronica duo.*), et par Pertz, *Scriptores*. XVIII. Voyez page 479. L'auteur y signale les contingents du Sud-Est : « Electus de Valentia, frater comitis Savolie....., et senescalcus Dalphini, com 200 militibus... » D'après Philippe Mousket, le Dauphin Guigues VII en personne aurait pris part à l'expédition, à côté de l'élu de Valence et du comte de Guines, Beaudouin III. Bouquet, XXII, 68 et suiv.

(³) Huilhard-Bréholles, V, 237.

et aussi celles des comtés de Provence et de Toulouse, conduites par Guillaume de Savoie, l'évêque élu de Valence, qui, au dire de Maïthieu Paris, savait mieux manier les armes temporelles que les spirituelles ([1]).

L'archevêque d'Arles, Jean Baussan, et l'évêque de Marseille, Benoît d'Alignan, avaient devancé Raymond Bérenger à la Cour impériale ; ils étaient à Vérone dès le mois de juin. Tous deux figurent comme témoins dans un acte où l'Empereur promet sa protection à la ville d'Embrun et lui assure le maintien de ses libertés et coutumes ([2]). On peut bien conjecturer qu'une telle faveur accordée à la commune n'était point conforme aux idées anciennes de Frédéric II ; il faut, pour l'expliquer, se rappeler combien profondément sa politique s'était modifiée.

Naturellement l'Empereur se montre de plus en plus hostile à Grégoire IX. Le Pape venait de charger d'une légation en Provence le cardinal Jacques de Préneste qui jadis avait soulevé les ennemis de l'Empire à Plaisance. Frédéric, dont la rancune ne perdait pas le souvenir des injures reçues, refusa le passage au légat et ne consentit pas à lui donner de sauf-conduit. Sans doute il se déclare prêt à prendre toutes les mesures nécessaires pour déraciner l'hérésie dans cette région, qui appar-

---

([1]) Sur ce Guillaume de Savoie, fils du comte Thomas Ier et beau-frère des reines de France et d'Angleterre, qui avait joué un rôle important en Angleterre, voir Matthieu Paris, *Chronica majora*, III, 387, 486, 493, 623. Il mourut en 1239. — Sur le contingent d'Avignon, cf. Pertz, *Archiv.*, VII, 29.

([2]) Huilhard-Bréholles, V, 210. — Cf. Chevalier, *Inventaire des Archives des Dauphins*, nº 1939.

tient à l'Empire (¹); mais il n'y veut pas d'un envoyé qui viendrait, non pour apporter la paix, mais pour aiguiser les épées contre les fidèles de l'Empire. Qu'on lui envoie donc un autre légat : celui-ci serait exposé à de trop graves dangers de la part des partisans de Frédéric : l'Empereur redouterait trop les conséquences des excès de zèle de ses amis.

Au surplus, si l'Empereur combat ouvertement l'Eglise romaine, il affecte partout de se montrer catholique ; volontiers il fait étalage, pour les intérêts religieux, d'un dévoûment qui semble excéder de beaucoup celui du Pape. Ce sceptique persécute les hérétiques par les mêmes raisons qui l'ont jadis poussé à entreprendre la guerre sainte : mais il est bien aisé de se servir des apparences pour donner le change à l'opinion à laquelle il fait souvent appel. C'est un fait remarquable que l'existence à cette époque d'une opinion européenne dont les manifestes des deux adversaires prouvent qu'il fallait tenir compte. Pour la tromper, Frédéric renouvelle ses terribles édits d'autrefois contre les sectes hérétiques qui pullulent dans le midi de la France et dans le nord de l'Italie (²); par des lettres datées de Vérone, il les promulgue

---

(¹) Juin 1238. « Sane cum regio pretaxata Imperio nostro pertineat. » Winkelmann, *Acta*, I, n° 350; II, n° 28. — Cf. Huilhard-Bréholles, V, 269. — *Regesta*, n°ˢ 2355 et 2356.

(²) En 1236, l'Empereur signifie au Pape qu'il va combattre les hérétiques dans les villes lombardes, à Milan surtout. C'est dans cette lettre qu'il ajoute ces mots, qui marquent bien le caractère de sa politique : « Italia hæreditus mea est, et hoc notum est toti orbi. » Matth. Paris, III, 375.

spécialement pour le royaume d'Arles (¹) et donne
aux prélats et aux Frères Prêcheurs la charge de veiller
à la conservation de la vraie foi. Ce zèle catholique de
Frédéric II ne trompa d'ailleurs que ceux dont l'intérêt
était de se laisser tromper; l'histoire n'a que des mépris
pour les persécuteurs à la manière de Julien l'Apostat,
qui n'ont point la franchise de la persécution.

On a souvent raconté la glorieuse résistance de Brescia: pendant les mois de ce long siège, plus d'un parmi
les seigneurs du royaume d'Arles se firent délivrer des
diplômes. C'est ainsi que la seigneurie de la vallée de
Sault est confirmée à Isnard d'Agoult : Philippe de
Souabe l'avait naguère accordée à cette maison (²). L'archevêque d'Arles, Jean Baussan, avait, au mois de décembre précédent, établi une paix, d'ailleurs éphémère, dans
sa ville épiscopale (³) : il profita de son séjour au camp

(¹) Winkelmann, *Acta*, I, n° 350 : « Ut de finibus Arelatensis et
Viennensis regni, in quibus semper consuevit existere fida fides,
heretice pravitatis genimina modis omnibus deleantur. » Cf. *Regesta*,
2345 et suiv.; 2362-2365. Sur cette tendance de Frédéric, voir
la lettre publiée par M. l'abbé Chevalier, *Notice sur le Cartulaire
d'Aymon de Chissé*, page 69. L'expédition est faite *ad delendas
infidelium reliquias in partibus Lumbardie*.

(²) 8 septembre 1238. — Huillard-Bréholles, V, 1234.

(³) Trente-sept bourgeois d'Arles avaient promis formellement
de respecter les droits de l'Eglise, et tout le conseil s'était associé
à cette promesse : « Ei (archiepiscopo) servabimus civitatem.....
quantum ad jurisdictionem temporalem et spiritualem..... promittimus quod non patiemur quod aliquid de predictis vel juribus vel
libertatibus Ecclesie S. Trophimi, militum et proborum hominum
Arelatis vel ipsius civitatis Arelatensis in aliquo violetur, *vel in
alterius dominium transferatur*. » Saxi, *Pontificium Arelatense*
(Aix, 1629, in-4°), 265.

impérial pour faire renouveler ses privilèges qui ne
furent reconnus qu'avec la formule restrictive employée
quelques mois auparavant dans le diplôme conféré
à l'archevêque de Vienne (¹). Cet acte de pure forme
ne devait pas désarmer les adversaires de Jean Baussan,
ni détourner les représentants de l'Empereur de les soutenir de leur influence : en cette même année 1238, les
troubles provoqués par la Confrérie agitèrent de nouveau
la ville d'Arles (²). — Vers la même date, fut renouve-
lée la charte rendue, en 1214, par Frédéric II au profit
de l'évêque de Saint-Paul-Trois-Châteaux (³); une confirmation du diplôme impérial de 1157 est en même temps
accordée à l'évêque d'Avignon, qui a envoyé des soldats à
l'Empereur (⁴). Une confirmation de la charte de 1178 est
aussi octroyée à l'évêque de Die qui a accompagné de sa
personne le contingent de son diocèse (⁵); en même temps
l'Empereur enjoint à ce prélat de rétablir à Die la régularité
des poids et mesures, d'en bannir les associations et les
conjurations illicites et de faire cesser toutes les exactions
illégitimes : preuve manifeste de la vivacité des dissensions qui déchirèrent Die comme la plupart des villes du
sud-est de la France.

(¹) Huilhard-Bréholles, V, 227.
(²) Anibert, III, 110 et suiv.
(³) Huilhard-Bréholles, V, 231.
(⁴) Huilhard-Bréholles, V, 228.
(⁵) Chevalier, *Documents inédits relatifs au Dauphiné, Cartulaire de Die*, 12.

XIV

Frédéric s'était flatté en vain d'anéantir les Lombards dans cette campagne : contrairement à ses espérances, il fut, le 9 octobre, obligé de lever le siège. Le lecteur ne se méprendra pas sur la gravité de cet échec pour le pouvoir impérial dans le royaume de Vienne. C'était la première fois que les prélats, les barons et les bourgeois de cette contrée s'étaient rendus à l'armée de l'Empereur : au lieu d'y assister au triomphe sur lequel on comptait, ils avaient vu toute la force de l'Empire se briser contre la résistance d'une ville italienne : quelle ne dut pas être la joie secrète de ces mécontents comme Raymond Bérenger ou Jean Baussan, que Frédéric avait traînés de force à la suite de son armée? Au moment où l'autorité de l'Empire paraît consolidée dans le royaume d'Arles, au moment où Frédéric croit toucher au but de ses efforts, tous les résultats de sa politique sont compromis du même coup par la misérable issue de l'entreprise sur Brescia.

Toutefois la chancellerie de l'Empereur continue de délivrer des diplômes en faveur d'habitants du royaume : ceux qui sont venus en Italie tiennent à se faire payer de leurs peines (¹). L'Empereur concède sa protection aux bourgeois d'Apt ; il confirme le diplôme de Henri VI qui inféodait à Etienne de Villars les péages d'Ambronay et de

---

(¹) Huilhard-Bréholles, V, 241. — *Regesta*, n° 2399.

Trévoux([1]); il en fait autant pour les péages d'un seigneur de Viennois, Aymard de Groslée, seigneur de Bressieu et de Mont-Revel ([2]); il confirme en faveur de Guillaume, élu de Valence, tous les droits et la juridiction de son Eglise, et révoque les aliénations faites au détriment de cette Eglise sans le consentement de l'Empereur. Enfin, il interdit aux bourgeois de Valence et aux habitants du diocèse de s'associer et de se lier par des serments mutuels, si ce n'est avec l'agrément de l'évêque ([3]); il semble donc prendre nettement le parti de l'évêque contre les bourgeois : il ne faut pas oublier que l'évêque élu de Valence est un prince de la puissante maison de Savoie, et que l'Empereur a tout intérêt à le ménager.

En vain Frédéric essayait de se concilier les grands du royaume d'Arles : son prestige était profondément atteint. Aussi, vers la fin de l'année 1238, le comte de Toulouse donnait satisfaction au Pape : pour quelques mois, cet étrange et mobile personnage obtenait d'être réconcilié avec l'Eglise. Dès lors, aussi, le Dauphin se rapproche du comte de Provence : des promesses de mariage sont même échangées entre lui et Sanche, qui, plus tard, devint la femme de Richard de Cornouailles. Toutefois, l'Empereur n'abandonna point la poursuite de ses desseins : un diplôme de l'année 1239, rendu en faveur de la ville d'Avignon ([4]), nous le montre fidèle à sa résolution de

---

([1]) Huilhard-Bréholles, V, 243. — *Regesta*, n° 2400.

([2]) Huilhard-Bréholles, V, 1222.

([3]) Huilhard-Bréholles, V, 261; *Gallia Christiana*, XVI, 113. — *Regesta*, n° 2404. — Colombi, *de Rebus gestis episcoporum Valentinensium*, 48.

([4]) Huilhard-Bréholles, V, 276. — *Regesta*, n° 2416 (Parme, janvier 1239).

chercher contre le clergé des alliés dans les communes.
En même temps, il ne cesse point d'entretenir des représentants dans le royaume : à Supramonte Lupo, l'ancien
podestat d'Arles, qui en novembre était investi des
fonctions de vicaire impérial, succéda en décembre le
comte Bérard de Lorette ([1]), originaire de la Marche d'An-
cône, qui se parait du titre de vicaire général du Saint-
Empire dans le royaume d'Arles et de Vienne. L'une de
ses préoccupations les plus graves fut d'aider les prélats
à recouvrer les subsides qu'ils étaient autorisés à prélever
sur leurs sujets afin de faire face aux dépenses des contingents envoyés l'année précédente au secours de l'Empereur : il fut obligé de menacer de la colère impériale
les bourgeois de Grenoble et d'Embrun, qui se refusaient
obstinément à s'acquitter de leurs obligations envers
leurs évêques ([2]).

XV

Au début de l'année 1239, le Pape s'était décidé à
frapper un grand coup: en mars, il prononça solennellement l'excommunication de Frédéric. On peut deviner
l'émotion produite par la nouvelle de cette sentence

([1]) « Berardus, comes Laureti et vicarius domini Imperatoris in
regno Arelatensi et Viennensi. » — Winkelmann, *Acta*, I, n° 659.

([2]) Cf. pour Grenoble, un acte daté de Romans, 16 février 1239,
publié par Chevalier, *Notice sur le Cartulaire d'Aymon de Chissé*,
69; Valbonnais, II, 64. Sur les dettes que l'évêque d'Avignon contracta pour répondre à la convocation impériale, cf. Pertz, *Archiv.*,
VII, 29. — Sternfeld, *op. cit.*, 115.

sur le peuple des villes méridionales où se trouvaient en
très grand nombre des catholiques à la foi ardente, im-
pressionnables comme toutes les populations de ces contrées, soutenus et encouragés par la prédication quoti-
dienne de ces religieux mendiants pour lesquels Frédéric
éprouvait tant d'aversion. Aussi faut-il considérer l'excommunication de l'Empereur comme la cause immédiate d'un
événement qui bientôt consterna les partisans de l'Empire
en Provence. On n'a pas oublié l'animosité avec laquelle les
factions se disputaient le pouvoir dans la ville d'Arles : depuis 1234, c'était en général le parti contraire à l'archevêque et au comte de Provence qui l'avait emporté dans
cette ville ; toutefois, après de nouvelles vicissitudes,
l'année 1237 s'était terminée par une transaction avan-
tageuse à l'archevêque, dont le parti reprenait le dessus.
En décembre 1238, le vicaire de l'Empire, Bérard de
Lorette, vint à Arles pour y demander au nom de l'Empereur le serment des habitants ([1]). Dans l'état des esprits,
c'était là une démarche imprudente ; Bérard ne pouvait
la tenter qu'en se présentant à la tête de forces suffisantes
pour écraser toute résistance. Il ne prit pas cette précaution ; aussi l'archevêque, craignant qu'un serment prêté
directement à l'Empereur n'amoindrît les droits de son
Eglise, n'hésita pas à s'opposer aux prétentions du vicaire
impérial. Bérard fut obligé d'accepter une transaction
proposée par l'archevêque : les Arlésiens prêtèrent serment à l'Empire « sauf les droits de l'Eglise d'Arles, la
liberté et les franchises des gentilshommes et des bourgeois de cette ville. »

([1]) Winkelmann, *Acta*, I, n° 659.

Evidemment, en cette affaire, le parti de l'archevêque avait fait échec à la faction de l'Empereur ; mais une plus grave défaite était réservée à la cause de l'Empire. Au commencement de l'été de 1239, les habitants d'Arles virent arriver dans leur cité Raymond Bérenger, que les chefs du parti clérical tenaient au courant des événements intérieurs de la ville ; le comte de Provence fut bien reçu, même par le vicaire impérial, qui alors résidait à Arles et qui dans toute cette affaire semble avoir joué un rôle de dupe. Raymond put librement, d'accord avec ses partisans, préparer ses batteries, si bien qu'un jour le vicaire impérial fut purement et simplement expulsé ; la cité se retrouva sous l'influence, plus puissante que jamais, de l'habile comte de Provence (¹). C'était un grand succès pour le parti catholique et provençal : aussi, pendant que Raymond Bérenger, promettant de sauvegarder les droits de l'Eglise d'Arles, se faisait attribuer, sa vie durant, la juridiction sur la cité, et prêtait à l'archevêque un serment à peu près analogue à celui des podestats, l'Empereur répandait sa colère dans diverses lettres (²). Il ordonne au comte de Provence et aux bourgeois d'Arles de rétablir aussitôt le vicaire de l'Empire dans tous ses droits ; il se plaint amèrement à Louis IX de la conduite de son beau-père le comte de Provence et invite le comte de Toulouse, auquel il annonce l'arrivée d'un ambassadeur, à entrer

---

(¹) Anibert, 120 et suiv.

(²) 6 septembre 1239, Martène, *Amplissima Collectio*, II, 1185 et 1186. — Huilhard-Bréholles, V, 401 et 402. — *Regesta*, nᵒˢ 2477 et 2478.

en campagne contre le Pape, ses partisans, et en particulier contre Raymond Bérenger ([1]). Il n'est pas besoin de dire qu'en ce qui concerne le comte de Provence et les Arlésiens, tous ces éclats d'indignation furent inutiles : Arles était alors perdue pour la coalition des Impériaux et des adversaires du clergé.

Ils gardaient toutefois Marseille et Avignon : c'est dans cette dernière ville que le vicaire Bérard, chassé d'Arles, avait trouvé un refuge. Il paraît qu'il y rencontra des difficultés trop graves pour son inexpérience politique : un document de l'année suivante ([2]) nous apprend que Bérard souleva contre lui les ennemis de l'Empereur dans Avignon ; il s'en fallut de peu que, grâce à ses maladresses, la cité d'Avignon ne passât au clergé et au comte de Provence ([3]). Ce fut l'arrivée de Raymond VII qui sauva la situation : à la demande du conseil général et du Parlement d'Avignon, il prit la charge de podestat, et Bérard avoua son impuissance en acceptant cette désignation. Ainsi, en quelques mois, l'Empereur avait perdu la commune d'Arles et avait failli perdre celle d'Avignon ; tels étaient, dans le midi de la F·nce, les premiers résultats de la sentence d'excommunication.

([1]) Martène, II, 1140 et 142. — Huilhard Bréholles, V, 404 et 405. — Regesta, nᵒˢ 2479 et 2480.

([2]) Voir un acte du vicaire impérial du 11 août 1240 ; Vaissette, VIII, ccxxx.

([3]) « Si ipsi obtinnissent, tota civitas.... esset contra dominum Imperatorem et cum comite Provincie et cum clericis propter defectum regiminis ipsius comitis Berardi. » Allégation de Raymond VII dans le document cité plus haut.

XVI

La hiérarchie ecclésiastique travaillait avec zèle à donner effet à cette sentence. Au mois de mai, les archevêques et évêques du royaume d'Arles recevaient du Pape l'ordre de faire publier dans tous leurs diocèses l'excommunication dont avait été frappé l'Empereur ([1]). Le 16 septembre, une lettre de Grégoire IX déclarait au comte Amédée de Savoie qu'il devait se considérer comme délié de tous devoirs de fidélité envers Frédéric II ([2]). Cependant, le légat Jacques de Préneste, que Frédéric avait refusé de laisser entrer en Provence, avait réussi à y pénétrer, et y prêchait la croisade contre l'Empereur ([3]). Le 10 novembre il était à Aix où, au nom du Saint-Siège, il concluait un traité d'alliance avec Raymond Bérenger. Le comte s'engageait à faire campagne pour le Pape en Italie, à la tête de quarante chevaliers et de dix arbalétriers, qu'il entretiendrait à ses frais. Ce traité prévoyait l'éventualité d'une attaque que dirigeraient les Impériaux et les Avignonnais contre la Provence; en pareil cas, Raymond Bérenger serait dispensé d'aller de sa personne en Italie, et le contingent qu'il devait fournir au Pape serait ré-

---

([1]) Pertz, *Epistolæ*, n° 747.

([2]) Potthast, n° 10787.

([3]) « Postquam cruces receperunt...... in subsidium Ecclesie contra Fredericum et fautores ejus. » — Winkelmann, *Acta*, I, n° 665.

duit (¹). En revanche, l'Eglise romaine concédait à Raymond Bérenger les sommes provenant, en Provence,
du rachat des vœux des Croisés; elle y ajoutait le quart
de la subvention qu'elle demanderait aux Eglises de
l'Empire dans les provinces d'Aix, d'Arles, d'Embrun, de
Tarentaise, de Lyon, de Vienne et de Besançon (²). Le
Pape approuva ces concessions de son légat et l'exhorta
à accroître le plus possible les ressources pécuniaires du
comte de Provence, de l'archevêque et des bourgeois
d'Arles; la lettre pontificale les représente comme pleins
de ferveur pour la défense des affaires du Christ contre
Frédéric (³). Après avoir pourvu aux nécessités de la
lutte, le légat poursuivit sa route et se rendit auprès de
saint Louis auquel il devait dépeindre les projets coupa-
bles de Frédéric, contempteur de la divinité du Sauveur
et adversaire acharné de la religion (⁴).

De son côté, l'Empereur n'était point en reste avec le
Pape : une lettre du mois de décembre 1239 mit le comte
de Provence au ban de l'Empire et prononça la confiscation de ses biens dont Forcalquier dut être distrait pour
être donné au comte de Toulouse (⁵). En même temps,

(¹) Vaissette, VIII, ccxxviii.

(²) Winkelmann, *Acta*, I, n° 652. Les deux actes sont datés d'Aix,
10 novembre 1239.

(³) Pertz, *Epistolæ* ...., n° 764. — Potthast, *Regesta Romanorum Pontificum*, n° 10838. Lettre du 10 janvier 1240.

(⁴) Teulet, II, 417, n°ˢ 2836 et 2837. Lettres de Grégoire IX à
saint Louis et à Blanche de Castille, 21 octobre 1239.

(⁵) Teulet, II, 419. — Huilhard·Bréholles, V, 541. — *Regesta*,
n° 2598.

sans doute pour remplir les caisses de la commune, Frédéric accorde à ses fidèles Avignonnais le droit de frapper de nouvelles monnaies que chacun serait tenu d'accepter comme les autres monnaies en cours dans le
royaume d'Arles et de Vienne (¹). Encore une fois, la
guerre entre les deux comtes, compliquée de la lutte
entre l'Eglise et l'Empire, allait désoler le midi de la
France.

Une campagne nouvelle s'ouvrit, au printemps de 1240,
contre le comte de Provence et les Arlésiens; elle était
dirigée par le comte de Toulouse et le vicaire impérial,
Bérard de Lorette (²), que secondaient de nombreux seigneurs et d'importantes cités; on voyait dans leur armée
les comtes de Comminges et de Rodez, Dragonet de Mon-
tauban, le seigneur de Lunel, Barral de Baux, Aymery
de Clermont et beaucoup d'autres nobles du Languedoc
ou de la Provence, qu'accompagnaient les contingents
fournis par Avignon et Marseille (³). Les alliés saisirent
les biens des Eglises à Avignon et dans le Comtat, pillèrent
les domaines du comte de Provence et des Arlésiens,
s'emparèrent de vingt châteaux et mirent le siège devant

(¹) Huilbard-Bréholles, V, 543. — *Regesta*, n° 2599.— Parmi les
actes de l'Empereur, en 1240, il faut citer ici une sauvegarde
générale accordée aux Hospitaliers dans le royaume d'Arles. —
Huilbard-Bréholles, V, 324; *Regesta*, n° 2443.

(²) Winkelmann, *Acta*, I, n° 663.

(³) Voir l'énumération dans une sentence d'excommunication du
15 juillet 1240, rendue par Zoën, vicaire du cardinal-légat. —
Winkelmann, *Acta*, I, n° 665.

Arles, qui résista avec succès à leurs tentatives (¹).

Le comte de Provence et ses partisans étaient dans une situation critique : leurs justes appréhensions s'accrurent encore lorsque parvinrent à leurs oreilles les bruits d'un traité de paix entre l'Empereur et le Pape ; ce traité ne serait-il point conclu à leurs dépens? Fort heureusement la nouvelle était fausse, et les négociations qui y avaient donné lieu avaient échoué ; Grégoire IX se hâta de les rassurer par une lettre qu'il adressa au comte de Provence, le 20 juin 1240 (²). Un mois auparavant, du nord de la France où il se trouvait alors, le légat Jacques de Préneste avait lancé l'excommunication contre les bandes d'envahisseurs (³); le 15 juillet, à Viviers, Zoën, archiprêtre de Bologne (⁴), qui exerçait en Provence les

---

(¹) Winkelmann, *op. cit.*, nᵒˢ 663 et 665. — Anibert, III, 137 et suiv.— Voir, sur cette guerre, Matthieu Paris et G. de Puy-Laurens. — Matthieu Paris dit qu'à cette époque, Thomas de Savoie, comte de Flandre, était en lutte avec l'Empereur au sujet de l'élection au siège épiscopal de Liège ; pour le punir, l'Empereur aurait provoqué le comte de Toulouse et le comte de Provence à l'attaquer dans ses domaines patrimoniaux (V, 21). Pas n'est besoin de dire qu'à l'égard du *comte de Provence*, cette invitation ne pouvait être efficace. Raymond Bérenger n'était point alors disposé à se faire l'auxiliaire des *impériaux* (Voir, sur cette assertion hasardée de Matthieu Paris, Wurstemberger, I, 202).

(²) Winkelmann, *Acta*, I, nᵒ 664. Il s'agit des négociations entreprises à Rome, en mai, par Conrad, frère du landgrave de Thuringe, grand-maître de l'ordre Teutonique, au nom des princes allemands.

(³) Acte daté de Corbie, 10 mai 1240 ; Winkelmann, *Acta*, I, nᵒ 663.

(⁴) Sur ce personnage, voir l'étude de M. Hauréau, dans les *Notices et extraits des manuscrits*, XXIV, 2ᵉ partie.

fonctions de vicaire du cardinal-légat, renouvela cette sentence de concert avec les archevêques d'Aix, de Vienne et de Narbonne, les évêques de Nîmes, de Saint-Paul-Trois-Châteaux, d'Orange, de Toulouse, de Rodez, d'Agde, de Viviers et d'Uzès (¹). Si l'on n'a pas oublié que les partisans du comte de Provence s'étaient revêtus de l'insigne de la Croisade, on comprendra que cette guerre devenait en réalité une guerre religieuse : c'était la lutte des Croisés contre les excommuniés et contre les amis de ce Frédéric, que les catholiques s'habituent à considérer comme l'Antechrist.

Saint Louis était décidé à ne pas laisser écraser le comte de Provence et à n'abandonner point le Midi à l'influence de Frédéric II, des hérétiques et des ennemis de la France ; il n'hésita pas à intervenir dans la lutte. Les circonstances lui fournirent un prétexte : des Français qui, venus dans le Midi à la suite de Louis VIII, s'étaient établis sur les bords du Rhône, avaient été molestés par les bandes de Raymond VII. Saint Louis envoya vers ces régions un corps d'armée dont l'apparition mit un terme aux entreprises du comte de Toulouse (²). En même temps, le saint Roi adressait à Frédéric II des plaintes justement motivées par sa conduite et celle du comte de Toulouse ; Henri III d'Angleterre joignit ses représentations à celles de Louis IX : les deux rois prenaient en mains la cause de leur beau-père commun, Raymond Bérenger. Ni Frédéric, ni le comte de Tou-

---

(¹) Winkelmann, *Acta*, I, n° 665.

(²) Sur cette intervention, cf. Matthieu Paris, *Chronica majora*, IV, **22** et suiv.

louse ne tenaient à se brouiller avec saint Louis : Frédéric,
qui avait affaire à forte partie, n'était pas en position de
se mettre sur les bras un ennemi de plus ; quant à Raymond VII, il ne pouvait engager une guerre contre le roi
de France, à moins d'être soutenu par de nombreux et
puissants alliés. Aussi, l'Empereur donna quelques explications
cations diplomatiques, et le comte de Toulouse, suspen-
dant la lutte du côté de la Provence, chercha à faire
accepter de Louis IX quelques excuses. Il ne devait pas
tarder à se venger, d'abord en refusant de porter secours
à saint Louis lors de la révolte du comte de Trencavel,
plus tard en s'unissant au comte de la Marche et à tous
les mécontents du Midi pour combattre le roi de France.

XVII

Sur ces entrefaites, un nouvel agent de l'Empereur
avait remplacé l'incapable Bérard de Lorette : c'était
Gautier, comte de Manupello, qui portait le titre officiel
de vicaire général du Saint-Empire ([1]). L'un de ses premiers actes fut rendu en faveur des consuls et des bourgeois de Gap ; le 5 août 1240, ils s'engagèrent à fournir à

([1]) Gap, 5 août 1240. « Gualterius de Pabiatis, Dei et Imperial
gracia comes Manipoli et sacri Imperii in regno Arelatensi et Viennensi vicarius generalis. » Chambre des Comptes de Grenoble, B.
3248, fo 317. — Vaissette, VIII, ccxxv.

l'Empereur les services féodaux qui lui étaient dus à raison des terres de l'Eglise de Gap. En revanche, l'Empereur promettait de respecter ces domaines et tous leurs privilèges : combinaison étrange où les bourgeois se substituaient à l'évêque pour la prestation de services féodaux dus à l'Empire à l'occasion du temporel de l'Evêché ([1]). Le vicaire impérial ajoutait à cette promesse une confirmation du consulat, de la juridiction et des libertés de Gap : en échange de ces faveurs, les bourgeois durent prêter serment de fidélité à l'Empereur, nouvelle preuve de l'alliance qui tendait à se former entre les communes et le pouvoir impérial : Gap devint ainsi, en théorie du moins, « une ville libre immédiate, selon le droit germanique » ([2]) ; entre les bourgeois et l'Empereur l'intermédiaire de l'évêque était supprimé.

([1]) « Gualterius..... Notum facimus..... quod, quia consules et commune civitatis Vapincensis promiserunt nobis recipientibus nomine et vice Imperii facere servitium domino nostro imperatori Frederico et nobis pro castris, terris et jurisdictionibus episcopatus dicte civitatis que ab Imperio tenet, quod servitium episcopus civitatis prodicte, nomine sui episcopatus et Ecclesie, Imperio facere tenetur, promittimus pro parte imperiali et nostra ipsius domini Imperatoris auctoritate muniti predictis consulibus et communi quod donec predictum servitium facient domino Imperatori et nobis, sicut promiserunt, dictum episcopatum et episcopum non destituemus nec destitui faciemus castris, terris et jurisdictionibus que ab Imperio tenent. » L'acte confirme ensuite à la commune son consulat, sa juridiction et ses libertés. — Acte du 5 août 1240, cité plus haut. Cet acte avait été mentionné par de Taillas, *Notice sur le Pouvoir temporel des évêques de Gap* (*Mémoires de l'Académie Delphinale*, 1878, 220). Il n'existe pas aux Archives de Gap (communication de M. l'abbé Guillaume, archiviste).

([2]) A. Thierry, *Histoire du Tiers-Etat*, 4e édition, 358.

De Gap, le comte de Manupello se rendit à Avignon où, depuis la mésaventure de Bérard de Lorette, Raymond VII exerçait, au nom de l'Empereur, les fonctions de podestat. Les Impériaux semblent à ce moment éprouver quelque défiance à l'égard du comte de Toulouse, défiance suffisamment justifiée pour qui observe la politique incertaine et mobile de ce personnage. Raymond eût voulu conserver les fonctions qu'il exerçait à Avignon; mais, sans tenir compte de ses protestations ni des services rendus par lui à la cause impériale, le vicaire de l'Empire l'en déposséda et prit lui-même la direction des affaires de la cité (¹). Que l'on rapproche cet incident de ceux qui s'étaient produits l'année précédente, alors que Raymond avait substitué son autorité à celle de Bérard de Lorette, il sera facile d'en tirer la conclusion évidente qu'à cette époque, entre Raymond VII et les vicaires impériaux, se poursuivait une sourde lutte alimentée par une jalousie réciproque; sans aucun doute, les chefs du parti hostile à l'Eglise étaient alors profondément divisés.

Nulle circonstance n'était plus favorable aux efforts de la diplomatie pontificale; le cardinal Jacques de Préneste et son vicaire Zoën ne manquèrent pas d'en profiter. Non seulement Raymond VII est en mauvaise intelligence avec les Impériaux; bien plus, il entrevoit peut-être déjà le projet qu'il devait réaliser quelques mois plus tard, de s'associer avec tous les mécontents du Midi contre la domination du roi de France, et de reconquérir ainsi une partie de ses Etats. En vue d'une telle éventualité, il lui

---

(¹) Acte du 11 août 1240, cité plus haut. — Vaissette, **VIII**, **ccxxx**.

était urgent de s'assurer une certaine liberté d'action du côté de l'Eglise et du comte de Provence ; c'est ce qui fut fait pendant l'hiver de 1240 à 1241. A la suite de longues négociations conduites par le comte de Toulouse, tant à la Cour de France qu'auprès des seigneurs du Midi, voici quelle paraît avoir été la situation au printemps de 1241 (¹) : le comte de Toulouse s'est rapproché de l'Eglise et, pour en obtenir l'absolution, il s'est obligé à lui venir en aide dans sa lutte contre Frédéric II. En outre, il s'est réconcilié avec Raymond Bérenger et a contracté alliance avec lui ainsi qu'avec le roi Jacques d'Aragon ; il compte demander la nullité de son mariage avec Sancie d'Aragon pour épouser une des filles du comte de Provence qui porte aussi le nom de Sancie, et qui, plus tard, après l'échec de ce projet, devait se marier à Richard de Cornouailles : ainsi Raymond VII cherche dans l'alliance du comte de Provence les avantages qu'il n'a pas trouvés en le combattant (²). Par une conséquence naturelle de sa nouvelle attitude, le comte de Toulouse a fait sa paix avec ce même archevêque d'Arles, dont, à diverses reprises, il avait ravagé les domaines ; le 30 mai 1241, suivant la coutume de ses prédécesseurs, il lui rend hommage pour Beaucaire et la terre d'Argence. L'historien du Languedoc fait remarquer qu'un tel hommage, quoique conforme

---

(¹) Cf. Vaissette, III, 728 et suiv. — Sternfeld, 125 et suiv.

(²) G. de Puy-Laurens, c. 44. — C'est la même Sancie qui avait dû, l'année précédente, épouser le dauphin Guigues. Au surplus, c'était un projet audacieux que celui de retrouver, dans le sud-est de la France, la puissance que la maison de Toulouse avait perdue dans le sud-ouest: Raymond VII le forma à diverses reprises. — Sur les divers mariages de Raymond VII, voir Boutaric, *Saint Louis et Alfonse de Poitiers*, 20.

aux précédents, n'était pas fait pour être très agréable au roi de France, dont les officiers occupaient à ce moment la ville de Beaucaire.

Toutefois, quand il s'agit de tenir ses engagements envers le comte de Provence, Raymond VII ne s'exécute que de très mauvaise grâce ([1]) ; une lettre de Grégoire IX, du 17 juillet 1241, nous a conservé la trace des préoccupations que donnaient au Pape les manœuvres dirigées par le comte de Toulouse contre son rival ([2]). En réalité, le comte de Toulouse joue double jeu parce qu'il oscille entre deux alliances : d'une part, celle de l'Empereur et des adversaires de l'Eglise ; d'autre part, celle de la Papauté et du comte de Provence. Il est quelque peu dégoûté de son ancienne ligne de conduite et tiendrait à obtenir l'absolution, ne fût-ce que pour plaire à la Cour de France et se délivrer d'une foule d'embarras intérieurs ; mais c'est seulement en échange de l'absolution qu'il consentira à défendre l'Eglise contre les Impériaux ([3]). Aussi ne cesse-t-il de négocier et d'intriguer, sans qu'on sache ce qu'il faut le plus admirer, ou de sa persévérance à poursuivre le relèvement de ses affaires par la diplomatie comme par les armes, ou de la constance de la fortune à déjouer ses plus habiles combinaisons.

([1]) Peut-être son zèle pour l'Eglise avait il été attiédi par la nouvelle du succès des alliés de l'Empire à la bataille navale de Meloria. Il avait reçu cette nouvelle à Marseille, alors qu'il était en chemin pour se rendre au Concile : il n'alla pas plus loin.

([2]) Papon, II, *Preuves*, n° LXVIII.

([3]) Voir son traité du 6 juin 1241 avec le roi d'Aragon. — Teulet, II, 450.— Cf. sur ce point les observations de Sternfeld, *op. cit.*, 126.

XVIII

La lutte ne s'en poursuivait pas avec moins d'ardeur entre l'Eglise et l'Empire. Aussi l'actif Zoën avait lancé, dans le diocèse d'Avignon, un édit frappant de la peine de la confiscation des fiefs quiconque porterait aide ou assistance à Frédéric, soi-disant Empereur (¹). Zoën faisait mieux, d'ailleurs, que des déclarations de ce genre : il travaillait de tout son pouvoir à enlever définitivement à l'Empereur ses appuis dans le royaume d'Arles, Raymond VII et les Avignonnais. Cependant, le succès des armes couronnait les efforts de Frédéric : sans parler de ses heureuses campagnes en Italie, il convient de rappeler la fameuse bataille de Meloria, gagnée sur les Génois, le 3 mai 1241, par une flotte de Pise, alliée fidèle de l'Empereur. Des prélats d'outre-monts qui se rendaient, sur les vaisseaux de Gênes, au Concile convoqué par Grégoire IX, plusieurs furent tués ; beaucoup furent faits prisonniers; au nombre de ces derniers furent le cardinal de Préneste et l'archevêque de Besançon ; quant à l'archevêque d'Arles, après avoir échappé au péril, il avait réussi à regagner Gênes, d'où il revint en Provence (²). Frédéric, maître de la Méditerranée, grâce à l'alliance de Pise, venait de prouver qu'il n'hésiterait pas, pour les besoins de sa politique, à empê-

(¹) Pertz, *Archiv.*, VII, 29.
(²) Pertz, *Epistolæ*, nᵒˢ 812 et 813. Lettres du 10 mai 1241.

cher les relations entre les évêques et le chef de la chrétienté. Il ne s'agit pas seulement d'influence temporelle ; l'indépendance du pouvoir spirituel est sérieusement compromise par l'ambition de l'Empereur.

A la fin de cette année, Raymond VII réussit à entrer dans l'alliance dirigée contre saint Louis par le comte de la Marche, sous l'inspiration de l'altière Isabelle, mère du roi Henri III ; il apportait à la coalition l'appui de ses vassaux et de tous ceux qui, dans le Midi, « avaient été obligés de s'expatrier pour s'être compromis par leurs opinions religieuses ou leur haine de la France » (¹). Nous n'avons pas à suivre le comte de Toulouse dans cette lutte nouvelle qui ne lui valut qu'un misérable échec. Vers le même moment, la guerre s'était rallumée entre Raymond VII et le comte de Provence ; mais cette reprise des hostilités ne dura guère (²). Tout le Midi était fatigué de la lutte ; peu à peu les adversaires de l'Eglise se détachaient de leur parti. La commune d'Avignon venait enfin de se rallier à la cause de l'Eglise et de Raymond Bérenger (³) ; ce résultat important était évidemment dû à l'habileté de Zoën, désigné à cette époque pour le siège épiscopal de cette ville. En même temps, Marseille avait

---

(¹) Boutaric, *Saint Louis et Alfonse de Poitiers*, 59.

(²) Matthieu Paris dit que les rois de France et d'Angleterre intervinrent encore pour faire respecter Raymond Bérenger. *Chronica majora*, IV, 106.

(³) La preuve en est fournie par une clause de la trève conclue à Beaucaire, le 29 juin 1243, entre les deux comtes. Bérenger y accepte la trève pour lui, l'évêque Zoën, et pour la commune d'Avignon, qui était donc en ce moment revenue à l'alliance provençale. — Teulet, II, 514, n° 3117 ; Vaissette, VIII, ccLV,

obtenu de son évêque l'absolution et avait conclu sa paix avec Raymond Bérenger (¹). Bien plus, le 29 juin 1243, l'archevêque d'Arles étant à Beaucaire, proclama entre les deux comtes une trêve qui devait prendre fin à la prochaine fête de la Toussaint (²). Ainsi, Frédéric se voyait privé de ses principaux appuis : Arles, Avignon, Marseille, le comte de Toulouse avaient successivement fait défection : l'Église l'emportait décidément dans le royaume de Vienne. Raymond VII pouvait maintenant obtenir l'absolution du nouveau Pontife Innocent IV, pour s'employer ensuite à de longues et infructueuses négociations entre l'Empire et la Papauté.

C'est à la fin de l'année 1243 que fut prononcée à Rome l'absolution du comte Raymond (³). A cette époque se rapporte un passage de Guillaume de Puy-Laurens, d'après lequel Raymond VII aurait obtenu de la Cour de Rome la restitution du Venaissin (⁴). Ce passage a singulièrement embarrassé les historiens : rien, en effet, dans les sources,

---

(¹) Méry et Guindon, I, 437.

(²) Dans cette négociation, le comte de Toulouse était représenté par Barral de Baux. — Teulet, II, 514, n° 3117 ; Vaissette, VIII, CCLVI.

(³) Teulet, II, 523, n° 3144 ; 524, n° 3148 ; 528, n° 3156 ; 534, n° 3184.

(⁴) « Mox tempore verno, anno Domini M° CC° XLIII°, adiit (R. Tolosanus) Sedem Apostolicam et tam apud Imperatorem quam apud curiam moram traxit per annum aut circa, et optinuit sibi restitui terram Venaissini. » G. de Puy-Laurens, c. 46. Ce point a été étudié dans une note de l'histoire de dom Vaissette (VIII, 90) : L'auteur de cette note admet que le Pape fit une restitution spontanée du Venaissin. Je ne puis me ranger à cette opinion, en dépit du texte de G. de Puy-Laurens.

ne décèle qu'à cette date un changement se soit produit dans l'état du Venaissin, reconquis à main armée, en 1236, par Raymond de Toulouse. Quant à une ratification formelle de cette occupation par la Cour de Rome, on n'en trouve aucune trace dans les actes d'Innocent IV. Je crois cependant que la difficulté n'est pas insurmontable, et qu'un document signalé par M. Elie Berger en peut donner la clef. On sait qu'en l'année 1235, l'évêque de Carpentras avait reçu de Pierre de Colmieu, représentant du Saint-Siège, la garde du Venaissin, abandonné par les officiers du roi de France. Subissant l'influence du nonce impérial Torello de Strada, l'évêque avait laissé le comte de Toulouse s'emparer de la contrée confiée à ses soins ; aussi une procédure avait été instituée en Cour de Rome contre le dépositaire infidèle ; or, cette procédure fut mise à néant par une lettre d'Innocent IV, adressée, le 30 avril 1244, à Zoën, qui cumulait alors les qualités d'évêque d'Avignon et de légat du Siège apostolique (¹). Ainsi, en avril 1244, après l'absolution du comte de Toulouse, la Cour de Rome consent à renoncer à un procès qui, sans doute, était pendant depuis longtemps, mais qui subsistait comme une protestation contre l'occupation violente du Venaissin et comme une menace adressée aux envahisseurs. En présence de ce résultat, conséquence probable des négociations de Raymond VII avec la Cour de Rome, n'est-il pas permis de supposer qu'entre le Pape et le comte un accord était intervenu sur la question du Venaissin, le Pape consentant à ne plus protester contre

---

(¹) Berger, *Registres d'Innocent IV*, n° 664: Latran, 30 avril 1244.

le fait accompli, sans toutefois en reconnaître la légitimité? A cette ligne de conduite, la Cour Romaine trouvait un double avantage : elle se conciliait Raymond VII et résolvait une question irritante sans donner un démenti formel à ses principes, ni justifier une agression qu'elle avait solennellement condamnée. C'est, à mon avis, cette négociation que des contemporains plus ou moins bien nformés ont pu appeler la restitution du Venaissin.

XIX

Maintenant le comte de Toulouse affecte de garder une attitude neutre, allant de la Cour pontificale à la Cour impériale; s'il ne combat plus les adversaires des Impériaux, il est loin d'être dans l'intimité des partisans de l'Eglise. Les tentatives suprêmes qu'il fit pour rétablir la paix entre les deux pouvoirs finirent par échouer. Bientôt le Pape sentit qu'un plus long séjour en Italie compromettrait sa liberté et sa sûreté personnelles. Il fallait d'ailleurs un concile pour terminer le grand procès entre la Papauté et l'Empire; or, le souvenir récent encore de Meloria prouvait que ce concile ne pouvait être convoqué en Italie. Aussi Innocent IV quitte-t-il les domaines de l'Eglise, et, après un voyage qui ressemble à une fuite, il se retire à Gênes, non loin des Alpes qu'il mettra bientôt entre son ennemi et lui. Jamais la situation n'a été plus tendue : Frédéric n'a plus de ménagements à garder. Un diplôme rendu par lui à Pise, au mois d'août 1244, exprime enfin, contre les Avignonnais, des sentiments de

colère que, par prudence sans doute et pour éviter de
compromettre des chances de réconciliation, il contient
depuis plus d'un an. Pour les punir de la guerre détes-
table qu'ils font à l'Empire, et aussi (le mot est à noter),
« au comte de Toulouse » (¹), l'Empereur leur enlève les
droits que le comte Raymond leur avait jadis concédés
sur les fiefs des Amic. Désormais, Giraud et Pierre
d'Amic relèveront directement du comte de Toulouse ; la
seigneurie intermédiaire de la commune d'Avignon est
supprimée. Un autre diplôme de la même date est dirigé contre l'évêque de Viviers : Frédéric révoque tous
les péages que les Empereurs avaient jadis accordés à
son Eglise (²).

Tout cela n'empêchait pas la région du Rhône, de Lyon
à la mer, d'être presque complètement aux mains des
partisans de la Papauté (³). Aussi, lorsque Innocent IV
se décida à franchir les monts, c'est Lyon qu'il choisit

(¹) « Detestabilem guerram sibi nequiter faciendo. » Teulet, I,
537, nᵒ 3194. — Huilhard-Bréholles, VI, 320. — Vaissette, VIII,
ccLxv. — *Regesta*, nᵒ 3440

(²) Teulet, II, 537, nᵒ 3195. — Huilhard-Bréholles, VI, 291. —
Regesta, nᵒ 3438.

(³) Cependant, en 1244 et 1245, le comte de Valentinois, Adémar III, est encore en lutte avec l'Eglise de Valence ; aussi est-il en
excellents termes avec Barral de Baux ; un mariage entre les deux
familles doit confirmer cette union En février 1245, Barral de Baux
et Jean de Bernin archevêque de Vienne, eur-nt à connaître comme
arbitres des difficultés qui divisaient les comtes de Valentinois et
l'Eglise de Valence, dont l'évêque élu était alors Philippe de Savoie.
Il est permis de supposer que Barral avait été désigné par Adémar,
et Jean de Bernin par Philippe de Savoie. Voir les originaux aux
Archives de l'Isère, Chambre des Comptes, Valentinois, B, 3521.

pour y transporter la Cour pontificale ([1]); ce choix s'expliquait par les meilleures raisons. « Le lien qui unissait la ville et l'archevêché à l'Empire était extrêmement relâché, écrit un érudit allemand, — tout le règne de Frédéric II ne fournit aucun document qui y fasse allusion, — mais Lyon n'était pas encore sous l'influence directe de la France, et pouvait être considérée, non pas comme une ville impériale ou royale, mais comme une cité archiépiscopale » ([2]). En outre, le voisinage de la France offrait en tous cas une retraite sûre, et de grandes voies de communication avec toute l'Europe occidentale et l'Italie permettaient de compter sur la présence (au futur Concile) d'un très grand nombre d'évêques et de seigneurs de ces contrées. A la fin de novembre, le Pape entreprend le pénible voyage d'Italie en France, à travers les Etats du comte de Savoie ; il franchit à grand'peine le Mont-Cenis, suit la vallée de l'Arc, s'arrête à l'abbaye cistercienne de Haute-Combe sur le lac du Bourget, et arrive, le 2 décembre, à Lyon, où il est accueilli par l'enthousiasme universel. Lyon devient pour plusieurs années le siège de la Papauté ; tout le monde y a oublié l'Empire et l'Empereur ; quelques parchemins, conservés aux archives du chapitre métropolitain, attestent seuls que Lyon était jadis une ville d'Empire.

([1]) Matthieu Paris raconte que le Pape avait demandé asile à saint Louis, et que l'opposition des barons empêcha le Roi d'accéder à cette demande. Là-dessus, consulter Wallon (*Saint Louis et son temps*, I, 169), qui croit devoir ranger cette histoire parmi les fables.

([2]) Hueffer, *Die Stadt Lyons*, 83.

XX

Il ne nous appartient pas de tracer ici l'histoire du célèbre Concile où se décidèrent les destinées de la dynastie des Staufen et de l'Empire germanique (¹). Les comtes de Toulouse et de Provence vinrent à Lyon; naturellement les évêques du royaume d'Arles y furent présents en grand nombre; le temps était passé où l'on trouvait dans l'épiscopat de ces régions des prélats dévoués à l'Empereur. Cependant la politique de Frédéric ne se lasse point; nous allons le voir s'efforcer de se créer des partisans nouveaux parmi les seigneurs laïques, afin de mieux lutter contre cette hiérarchie qui avait été le soutien naturel de ses prédécesseurs. Dès le mois de juillet **1245**, il accorda en fief à Imbert de Beaujeu une pension annuelle de cent marcs d'argent à prendre sur la Chambre impériale; il donne ainsi l'exemple d'un procédé que, plus tard, d'autres souverains emploieront pour s'attacher les seigneurs du royaume d'Arles (²). En septembre, il confirme un péage à Albert, seigneur de la Tour-du-Pin, issu d'une maison qui devait fournir au Dauphiné ses derniers souverains indépendants (³).

Sur ces entrefaites vint à s'ouvrir la question qui depuis

(¹) G. de Puy-Laurens, c. 47; Bouquet, XX, 770 et suiv.

(²) Winkelmann, *Acta*, I, n° 383.

(³) Vidimus de l'official de Lyon aux Archives de l'Isère, B. 3162, carton. — Valbonnais, I, 189. — *Regesta*, n° 3505.

longtemps préoccupait quiconque avait un intérêt politique dans le sud de la France, je veux parler de la succession de Provence : Raymond Bérenger était mort le 19 août 1245, laissant ses domaines à sa fille Béatrice. On sait tout ce que l'ambition d'obtenir, avec la main de cette princesse, le riche héritage de la Provence, provoqua de rivalités et d'intrigues. Déjà, lors de son séjour à Lyon, Raymond VII s'était offert comme gendre au comte de Provence ([1]); il avait dès lors poursuivi la nullité de son mariage avec Marguerite de la Marche. La mort du comte de Provence ne l'arrêta point : le 25 septembre il obtenait du Saint-Siège la sentence désirée ([2]), et se trouvait libre de travailler à la réalisation d'une union qui devait le rendre maître d'une des plus belles provinces méridionales. Quelques années auparavant, l'Empereur eût probablement secondé Raymond VII dans son effort pour effacer le traité de Paris ; mais on vit alors que Frédéric ne comptait plus que sur lui-même et sur ses forces pour restaurer son influence dans le royaume de Vienne. Le prétendant qu'il offrit à Béatrice fut son propre fils Conrad : se fiant peu aux moyens diplomatiques, il crut utile d'appuyer sa proposition par une démonstration maritime, et fit paraître, en octobre 1245, une flotte de vingt galères sur les côtes de Provence ([3]). La tentative demeura sans

---

([1]) G. de Puy-Laurens, c. 47.

([2]) Le mariage fut déclaré nul, le 3 août, par le légat Octavien, dont la décision fut ratifiée par le Pape, le 25 septembre ; la nullité était fondée sur la consanguinité des époux. Il ne paraît pas que le mariage eût jamais été consommé. Voyez, sur ce point, les documents publiés dans Teulet, II, 575, n° 3367; 578, n° 3371; 578, n° 3382.

([3]) *Annales Januenses*, Pertz, XVIII, 218.

résultat, aussi bien que celle que faisait, pour son propre compte, un autre prétendant, le roi d'Aragon. Saint Louis était résolu à conserver et à développer son influence dans le Midi ; il ne voulait pas, en Provence, d'un souverain hostile à l'Eglise ou à la France, capable de favoriser les hérétiques ou de lutter contre les progrès de la maison Capétienne. Le mariage de l'héritière de Provence avec le frère du roi, Charles d'Anjou, fut le couronnement de sa politique ; la diplomatie française n'avait rien négligé pour rallier à ce parti le Pape et la Provence, et le Roi n'avait pas hésité à envoyer des troupes dans le Midi pour paralyser les efforts des rivaux de son frère ([1]). Frédéric comprit de bonne heure l'inanité de ses tentatives ; il paraît s'être retiré sans insister.

XXI

Cependant l'Empereur nourrissait un projet audacieux, dont le succès eût d'un seul coup anéanti les forces de la Papauté ; il voulait, pour frapper ses ennemis au cœur, occuper, avec une armée, la ville de Lyon où la Cour pontificale continuait de résider. C'était par la route du Mont-Cenis qu'il méditait de diriger son attaque : l'exécution de ce projet lui était devenue plus facile depuis que le cômte de Savoie, rompant ses attaches avec le parti pontifical, était venu, en juillet 1245, lui présenter

---

([1]) Cf. Matth. Paris, *Chronica majora*, IV, 425.

ses hommages à Turin (¹), et, en revanche, s'était fait promettre par l'Empereur la restitution de Rivoli. Pendant les années suivantes, les liens qui unissaient le comte à l'Empereur ne firent que se resserrer; on comprend que Frédéric ne négligeât rien pour conserver l'amitié de ce puissant seigneur, qui, maître des passages des Alpes, pouvait à son gré ouvrir ou fermer au Pape les communications par terre avec l'Italie : la liberté de ces communications était d'autant plus importante pour la Cour pontificale, que les flottes de Frédéric ou de ses alliés pouvaient plus facilement intercepter les routes maritimes entre Marseille et les ports italiens. En 1247, lorsque le comte Amédée était devenu un chaud partisan de l'Empereur, il fut convenu que Manfred, le fils de Frédéric et de Bianca Lancia, épouserait Béatrice, fille du comte de Savoie : Manfred recevrait immédiatement de l'Empereur toute la terre qui s'étend de Pavie aux Alpes, et, plus tard, le

---

(¹) Huilhard-Bréholles, VI, 356. — *Monum. Patr. Historiæ, Chartæ,*1, 1378.— *Regesta,* n° 3504. — Si Amédée IV rompait avec le Pape, le parti pontifical comptait dans ses rangs d'autres membres de la maison de Savoie : Philippe, frère du comte Frédéric, administrateur du siège épiscopal de Valence et élu au siège de Lyon, qui était le chef des troupes pontificales et le gardien du Concile, « *princeps militiæ papalis et custor pacis* » (Matth. Paris, IV, 425) ; Boniface de Savoie, son autre frère, ancien Chartreux, qui fut consacré à Lyon archevêque de Canturbery. Grâce au mariage de Henri III avec la fille de Raymond Bérenger et de Béatrice de Savoie, les princes de Savoie avaient trouvé en Angleterre un champ qu'ils savaient fort bien exploiter. Sur le continent, ils se ménageaient des intelligences avec tous les partis et ne manquaient aucune occasion d'accroître leur puissance.

royaume d'Arles, mais seulement à l'époque où la reconstitution de ce royaume paraîtrait utile à Frédéric et au comte Amédée (¹). Ce mariage fut célébré l'année suivante ; à peine est-il besoin de dire qu'il ne fut jamais question de la réorganisation du royaume d'Arles. En même temps, l'Empereur regagnait à sa cause le dauphin Guigues VII ; un acte daté de juin 1247 lui confirma toutes ses acquisitions dans les comtés de Gap et d'Embrun (²), et, de plus, lui concéda les alleux situés dans ces deux comtés, ainsi que dans les comtés de Vienne, d'Albon et de Grenoble, sauf l'hommage et la fidélité que le Dauphin

---

(¹) Huilhard-Bréholles, VI, 527. — Le comte de Savoie exigea de l'Empereur, à cette époque, la restitution effective du château de Rivoli. — Voir *Bartholomœi scribœ Annales*, Pertz, XVIII, 221. — Cf. *Regesta*, n° 3626. — La restitution avait eu lieu avant le mois de septembre, comme le prouve la date des diplômes du comte de Savoie : Wurstemberger, *Peter der Zweite, graf von Savoyen*, IV, 109. Sur les agissements de l'Empereur en Piémont, voir *Annales S. Justinœ*, Pertz, XIX, 160 ; *Chronici rhymici Coloniensis fragmenta*, Pertz, XXV, 375.

(²) Il lui confirme ses biens dans le comté d'Embrun, « quem justo emptionis titulo tenere se dicit. » — 'ers cette époque, le Dauphin, qui cherchait à s'étendre du côté d'Embrun, avait déterminé avec l'archevêque les conditions d'un pariage. (Barthélemy, *Histoire manuscrite du Dauphiné:* ms de M. Chaper). En juillet 1232, Béatrice, fille du dauphin Guigues-André et de Béatrice de Clausal, issue des comtes de Forcalquier, plus tard répudiée par son mari, vendit au Dauphin tout les droits qu'elle avait dans le Gapençais et dans l'Embrunais. Elle était alors mariée à Amaury de Montfort. Voir une copie de l'acte aux *Archives de l'Isère*, Chambre des Comptes de Grenoble, B, 3013, fol. ɪɪ.

en devrait à l'Empire (¹). L'avantage n'était pas de médiocre importance, si l'on considère que le Dauphin était ainsi placé dans la hiérarchie féodale, au-dessus de tous les propriétaires d'alleux, qui cessaient d'être ses pairs pour devenir ses inférieurs. Cet acte, qui émanait de l'Empereur déchu et excommunié, ne paraît pas avoir produit de conséquences pratiques; il fallut plus tard de longues luttes aux Dauphins pour établir leur suprématie sur les propriétaires d'alleux.

Assuré de l'amitié du comte de Savoie, du Dauphin et du seigneur de la Tour, l'Empereur était maître de la route de Lyon; aussi put-il ordonner à ses vassaux de se trouver à Chambéry au mois de juin 1247, et d'y amener leurs contingents. A cette époque, l'Empereur s'efforçait de rallier à sa cause tous les éléments hostiles à l'Eglise, à quelque nation qu'ils appartinssent : partout il exploitait les jalousies et les haines des seigneurs laïques contre les prélats. Dans des lettres adressées aux barons de France, il s'est dépeint comme le champion du pouvoir séculier contre la juridiction de l'Eglise, qui tente d'envahir le domaine temporel; et, comme pour répondre à ces excitations, les barons se réunissent en confédérations contre la puissance ecclésiastique (²). Aussi plus

(¹) Chieri, juin 1247. — Huilbard-Bréholles, VI, 542. — On en trouve un *vidimus* dans les archives de la Chambre des Comptes de Grenoble, B, 3162. Avec Sternfeld je crois entièrement dénué de preuves l'assertion de Warnkoenig-Stein (*Franzoesische Rechtsgeschichte*, I, 178), d'après laquelle Frédéric aurait donné la couronne d'Arles au dauphin Guigues.

(²) Huilhard-Bréholles, VI, 349, 489, 493. Ce n'est pas le lieu de faire ici la bibliographie des manifestes de Frédéric II et d'Innocent IV: aux sources connues jusqu'ici il est bon d'ajouter le 2ᵉ volume des *Acta Imperii inedita*, publié en 1885, par Winkelmann.

d'un membre de la noblesse française s'arme pour la cause de l'Empereur; Frédéric est même en relations assez étroites avec le comte de Saint-Pol, l'un des chefs de la confédération de la noblesse, pour l'inviter à venir le joindre avec une escorte de chevaliers et de soldats (¹). L'Empereur semble avoir la prétention d'organiser contre la Cour romaine une sorte de Croisade au rebours, à laquelle il appelle tous les adversaires du clergé répandus dans le monde occidental.

Le Pape ne se méprit pas sur la gravité du péril ; aussi prit-il sans tarder des mesures urgentes pour conjurer l'orage. Aux prélats, tels que l'archevêque de Narbonne, Guillaume de Broue, il mande de se préparer à défendre le Saint-Siège (²). Déjà, pour enflammer l'indignation des masses, il avait enjoint aux évêques de faire publier chaque dimanche, à son de cloches, l'excommunication portée contre Frédéric II et ses adhérents (³); il leur avait recommandé de faire connaître au peuple, par des prédications multipliées, les crimes commis par Frédéric et sa rage à persécuter l'Eglise (⁴). En même temps, il demandait des secours à saint Louis, à sa mère, à ses frères, aux princi-

---

(¹) Huilbard-Bréholles, VI, 429. — *Regesta*, nᵒ 3627.

(²) Ce document est à la Bibliothèque Nationale, collection Baluze, bulles, volume II. Il a été signalé dans la savante introduction de Berger, au premier volume des *Registres d'Innocent IV*, p. xxxiii. — Berger signale une lettre analogue à l'abbé de Vendôme.

(³) Lettre aux archevêques et évêques des provinces d'Arles, de Vienne, d'Aix, de Narbonne et d'Embrun, du 20 décembre 1246. — *Registres d'Innocent IV*, nᵒ 2344.

(⁴) Potthast, nᵒˢ 12402 et 12412.

paux seigneurs de son entourage (¹). On sait comment l'intervention de l'armée rassemblée par le roi de France fut rendue inutile par le mouvement guelfe qui fit une soudaine explosion à Parme, au moment où l'Empereur se disposait à marcher sur Lyon. Pour lutter contre les rebelles, Frédéric fut obligé de rebrousser chemin, et la Papauté fut sauvée d'un des dangers les plus redoutables qui l'aient menacée. Il ne tint pas au comte de Savoie que l'Empereur n'eût vite réprimé la révolte de Parme; quand Innocent IV envoya un corps de troupes au secours des Parmesans, ce « manifeste adversaire de la Papauté, » comme l'appelle Matthieu Paris, interdit aux Pontificaux le passage des montagnes; il le refusait en même temps au légat Octavien, chargé de porter aux Lombards les messages et les encouragements d'Innocent IV.

Les affaires politiques retinrent l'Empereur dans l'Italie centrale ou en Lombardie, pendant les derniers mois de l'année 1247 et les premiers de l'année 1248; il revint en Piémont vers le mois de juillet. Il se rapprochait ainsi

---

(¹) Les prélats envoyèrent des troupes au Saint-Siège, comme il résulte d'une lettre adressée le 2 juillet 1247 par le Pape aux cardinaux qui étaient restés dans les États de l'Eglise. Il leur raconte comment le soulèvement de Parme a forcé l'Empereur à rebrousser chemin, et il ajoute : « Si circà partes premissas suum implesset deveniendo propositum (Fridericus quondam Imperator), preter honorabilem prelatorum in militibus commitivam ad obsequium ecclesie preparatam, exceptisque baronibus et aliis nobilibus plurimis in propriis personis cum suis militibus accintis similiter ad hoc idem, carissimus in Christo filius noster Rex Francorum illustris cum matre ac fratribus et per totum regnum nunciis et litteris regiis destinatis copiosum indixit exercitum, personaliter ad beneplacitum ecclesie profecturus. » Winkelmann, *Acta*, II, n° 1040.

des domaines de ses fidèles alliés, les princes de la maison de Savoie, qu'il ne cessait de combler de ses faveurs.
A Verceil il rencontra une nombreuse assemblée de seigneurs qui lui étaient sympathiques; à leur tête se trouvaient le comte Amédée et son frère, Thomas de Savoie, comte de Flandre. Thomas fut nommé vicaire général de l'Empire pour l'Italie du Nord, depuis Pavie jusqu'aux Alpes, et reçut en outre de nombreux fiefs, parmi lesquels les villes d'Ivrée et de Turin, ainsi que plusieurs châteaux; en outre, Thomas et Amédée furent investis des pouvoirs de Frédéric, à l'effet d'entamer une nouvelle négociation avec le Pape (¹). En même temps, l'Empereur accordait au dauphin Guigues une pension annuelle de trois cents onces d'or, payables par le Trésor impé-

---

(¹) On trouve les documents relatifs aux princes de Savoie dans Huilhard-Bréholles, VI, 658 et suiv., et surtout dans Winkelmann, *Acta*, I, nᵒˢ 405 à 408, 410 à 412, 414, etc. — Cf. *Regesta*, nᵒˢ 3729 et suiv.; Wurstemberger, *Peter II von Savoyen, Urkunden*, nᵒˢ 218 et suiv., nᵒ 234. A Turin et dans le Piémont, les princes de la maison de Savoie rencontraient une résistance énergique de la part du clergé et des guelfes. L'alliance du comte de Savoie avec l'ennemi du Pape ne fut pas sans causer un grand scandale. Quand, en 1248, un éboulement des rochers du Mont-Granier écrasa Saint-André, petite ville voisine de Montmélian, à l'entrée de la vallée du Graisivaudan, on vit dans cet événement la juste punition des crimes du comte de Savoie et de son ministre Bonnivard. (Voir les *Anecdotes d'Etienne de Bourbon*, dans l'édition de la *Société de l'Histoire de France*, 183; rapprochez Matthieu Paris, *Chronica majora*, V, 31, et les textes cités par Wurstemberger, *Urkunden* nᵒ 218. — Consulter, sur cet événement, la dissertation de Piaget, dans les *Mémoires de l'Académie Delphinale*, 3ᵉ série, tome XVII.)

rial (¹); une pension de quinze onces d'or était attribuée à son chambrier (²). Evidemment l'Empereur songe, pour le cas probable où sa diplomatie échouera, à reprendre le projet d'une expédition contre Lyon; il tient à réchauffer le zèle de ses alliés.

XXII

A ce moment, la fortune sembla se montrer plus favorable aux entreprises de l'Empereur dans le royaume de Vienne. Inquiétées par l'avènement de Charles d'Anjou, dominées par des factions hostiles aux croyances catholiques et à l'influence française, les grandes communes de Provence, Arles, Avignon et Marseille, s'étaient unies dans une confédération nouvelle. Un mouvement très violent se produit à Arles, où les adversaires du clergé ont repris le dessus : les principaux partisans de l'Eglise y sont emprisonnés; les factieux se saisissent des domaines des Eglises et ravagent ceux du comte de Provence ; quelques chevaliers de l'Hôpital sont massacrés; l'archevêque Jean Baussan est l'objet de grossières

---

(¹) Huilhard-Bréholles, VI, 665. — Chevalier, *Documents historiques sur le Dauphiné*, 1ʳᵉ livraison, 39. — Chambre des Comptes de Grenoble, B, 3162. — *Regesta*, n° 3730.

(²) Huilhard-Bréholles, VI, 666. — Chevalier, *Documents historiques sur le Dauphiné*, 1ʳᵉ livraison, 40. — Chambre des Comptes de l'Isère, *ibid.* — *Regesta*, n° 3731.

menaces (¹). Les meneurs se tournent naturellement vers
Frédéric II, auquel ils envoient des émissaires pour solliciter son appui ; les ennemis de tout ce qui est chrétien
et Français ont pris, dans le Midi, une telle influence,
que les Croisés, compagnons de Louis IX, sont insultés
lors de leur passage à Avignon et à Marseille : il faut
toute la patience du saint Roi pour que ses chevaliers
n'en tirent pas une vengeance éclatante (²). La situation
devient si grave, qu'au mois de novembre 1248, les
prélats des provinces de Vienne, d'Arles, d'Aix et de
Narbonne, tiennent à Valence un Concile présidé par
deux cardinaux-légats du Saint-Siège, Pierre d'Albano
et Hugues de Sainte-Sabine. Les condamnations et les
prohibitions de ce Concile montrent clairement quels
ferments de désordre recelait alors la région méridionale : sont condamnés ceux qui ne respectent pas les
excommunications, ceux qui méprisent l'autorité des in-
quisiteurs, ceux qui interdisent aux ecclésiastiques le
feu et l'eau, les fours et les moulins ; ceux qui assas-
sinent les clercs, s'emparent des biens de l'Eglise,
et ceux qui refusent de jurer la paix et de renouveler ce
serment de trois ans en trois ans. Sont frappés des sentences les plus sévères les meneurs qui ont appelé le

---

(¹) Voir, sur ces événements, Anibert, op. cit., III, 176 et suiv.,
et Barthélemy, nᵒˢ 328, 339 et passim.

(²) Matthieu Paris, Chronica majora, V, 23. On sait qu'en
descendant la vallée du Rhône, le roi de France fit saisir le
château de la Roche-de-Glun, dont le seigneur prélevait sur les
pèlerins des péages illégitimes. — Cf. G. de Puy-Laurens, c. 48,
et Joinville. Il faut remarquer cependant que le droit de prélever
un péage sur le Rhône, à cet endroit, avait été jadis conféré par
Conrad III à Silvion de Clérieu. Voir l'original de ce diplôme (1151)
aux Archives de l'Isère, B, 3521.

8

secours de Frédéric, dont l'excommunication est de nouveau solennellement publiée, ceux qui ont recours à son intervention et font accueil à ses envoyés.

La voix du Concile ne fut guère écoutée : à Arles, la faction provençale et française était toujours cruellement maltraitée; non contents de refuser au clergé les dîmes qui lui étaient dues, les rebelles frappaient les ecclésiastiques de lourdes taxes. En 1249, le podestat d'Arles, Albert de Lavagne (¹), esprit trop modéré au gré des révoltés, céda la place à Barral de Baux, qui promit ouvertement sa faveur à tous les excommuniés. Vers cette époque, au rapport de Matthieu Paris, les envoyés de Frédéric reçoivent le serment de fidélité des bourgeois d'Arles et d'Avignon (²); en même temps, les sympathies de Raymond VII semblent se porter de nouveau vers la cause impériale. On peut croire Frédéric à la veille de retrouver dans le royaume d'Arles ses anciens appuis, le comte de Toulouse et les communes de Provence, fortifiés de la puissance du Dauphin et du comte de Savoie (³).

(¹) Sur ce personnage, guelfe par son origine et par son entourage, et sur ses rapports postérieurs avec Guillaume de Hollande, Voir *Regesta*, nᵒˢ 4985 et 4986 ; Anibert, III, 163.

(²) *Chronica majora*, V, 145.

(³) En 1249, Frédéric II est toujours l'allié des princes de Savoie, en particulier du comte Thomas, qui, au lendemain de la mort de l'Empereur, servira avec le même zèle la cause d'Innocent IV et du nouveau roi des Romains, Guillaume de Hollande. Voir le diplôme de Frédéric II, qui lui concède un péage à Turin. Winkelmann, *Acta*, I, nᵒ 423. On peut en rapprocher les actes de Guillaume de Hollande en faveur du même Thomas. *Regesta*, nᵒˢ 5084, 5086, 5087, 5088, 5090, 5091. — Cf. sur le changement d'attitude de Thomas après la mort de Frédéric II, Matthieu Paris, *Chronica majora*, V, 302; Wurstemberger, *Peter II, graf von Savoyen*, I, 215.

Mais ce n'était là qu'une trompeuse apparence. Le 22 septembre 1249, un accès de fièvre mit fin à la carrière aventureuse de Raymond VII. « Sa mort, écrit Boutaric, excita dans le Midi une douleur profonde; en lui s'éteignait la race des comtes, dont l'origine remontait au neuvième siècle » (¹). Charles d'Anjou était déjà seigneur du comté de Provence; voici qu'un autre frère du roi de France, Alfonse de Poitiers, héritait du comté de Toulouse et du marquisat de Provence. Le légat Pierre d'Albano, au nom de l'Eglise romaine, se rendit dans le Venaissin pour recouvrer cette terre : les représentants d'Alfonse y envoyèrent, de leur côté, le seigneur de Lunel qui put y servir utilement les intérêts de son maître; en dépit des prétentions de l'Eglise, Alfonse porta le titre de marquis de Provence et garda jusqu'à sa mort la seigneurie du marquisat (²).

Décidément la politique de saint Louis triomphait. Barral de Baux, qui paraissait être dans le Midi le chef des ennemis de l'Eglise et de la France, ne tarda pas à le comprendre : au printemps de 1250 il vint à la Cour de France, et promit à la régente Blanche de Castille d'employer ses efforts pour soumettre Arles à Charles d'Anjou et Avignon à Alfonse de Poitiers (³). Les deux villes ne

---

(¹) *Saint Louis et Alfonse de Poitiers*, 63.

(²) Voir le document publié par Boutaric dans le même ouvrage, p. 74. Le Venaissin fut restitué à l'Eglise par Philippe-le-Hardi, après la mort du comte Alfonse, vers l'année 1273. Voir les remerciments de Grégoire X dans Fantoni-Castrucci, *Istoria della cita d'Avignone* (Venise, 1678, in-4°), I, 150 et 151.

(³) Teulet, III, 97, n° 3854. — Cf. document publié par Boutaric (lettre à Alfonse de Poitiers) : Lorsqu'il vint à Melun où se

devaient plus persister longtemps dans la lutte ; peu à
peu les résistances du Midi s'évanouissaient devant le
pouvoir toujours croissant de la maison Capétienne. La
mort de Frédéric II, survenue le 13 décembre 1250, con-
somma dans le royaume d'Arles la ruine du parti hostile
à l'Eglise et à la France ; quand, par une clause de son
testament, l'Empereur légua à son fils Henri la couronne
d'Arles, il ne lui laissa qu'un vain titre et un fantôme de
royauté. C'en était fait pour toujours de l'influence de
l'Empire dans le midi de la France ; ces contrées atten-
daient un maître nouveau.

XXIII

En somme, cette grande lutte se terminait par la victoire éclatante de la royauté française qui s'était forte-
ment implantée dans le Midi, avait annexé de riches provinces à son domaine direct et avait établi à Aix et à
Toulouse des princes de la race Capétienne. C'est la politique de saint Louis qui l'emporte, et c'est justice : on ne
saurait rendre un hommage excessif à cette politique
aussi sûre du but qu'elle poursuit que scrupuleuse dans
le choix des moyens ; assez équitable pour redouter jusqu'à

---

trouvait la Cour, « Barraut des Baus s'offri moult et promist à votre
service, et promit à traire à vostre volonté et vostre obéissance et
de vostre frère le comte de Provence la cité de Avignon et de Arle,
et en fist seurté de serement et de lettres. » *Saint Louis et Alfonse
de Poitiers*, 74.

l'ombre de l'iniquité, assez habile pour éviter jusqu'à l'apparence de l'exagération, assez ferme pour n'hésiter point, quand il le faut, à employer la force au moment décisif. Dans la querelle de l'Eglise avec Frédéric II, alors que beaucoup de ses barons prenaient le parti de l'Empereur, saint Louis fut pour l'Eglise un allié prudent et discret, mais sûr et fidèle, et très résolu à ne point permettre à Frédéric de mettre le Pape en servitude ; vis-à-vis des populations méridionales, il sut continuer l'œuvre de son père, se servant des positions acquises pour étendre son influence et protéger les catholiques, sans, toutefois, compromettre le succès de ses efforts par des excès ou des violences qui eussent réduit ses adversaires au désespoir. La conduite du saint Roi paraît plus digne encore de la louange de l'histoire à qui la compare à celle de son contemporain Frédéric II. Intelligence vive et perçante, esprit ouvert aux idées nouvelles et propres aux conceptions les plus grandioses ; d'ailleurs, ambitieux comme ceux de sa race et destiné par sa nature à dominer ; en même temps, façonné aux affaires politiques par une éducation italienne et par les revers de ses premières années ; enfin, placé sur les limites de l'Orient et de l'Occident, comme pour surveiller deux mondes et se laisser pénétrer par les influences de deux civilisations, tel fut cet homme étrange qui, au demeurant, exerça pendant quelque temps dans le royaume d'Arles une autorité plus forte qu'aucun de ses prédécesseurs ou de ses successeurs. Cependant cette autorité fut éphémère ; après lui, on pourra bien tenter, au profit de l'Empire, de ressusciter le nom du royaume d'Arles ; on ne le ressuscitera pas en fait ; au surplus, c'est l'Empire lui-même qui, après la mort de Frédéric II, va pour longtemps s'abîmer dans l'anarchie. Tel fût le résultat d'une politique qui ne connaissait ni frein ni scrupule; ainsi finit l'homme qui avait rêvé de s'asservir, corps et âmes, les habitants de ses immenses royaumes : juste châtiment d'une ambition qui avait mis en péril la paix du monde et l'indépendance des consciences chrétiennes.

5375. — Grenoble, impr. G. Dupont, rue des Prêtres, 1.

www.ingramcontent.com/pod-product-compliance
Lightning Source LLC
Chambersburg PA
CBHW060831250626

47162CB00005B/2027